Michael Fischer | Boris Krause | Michael Feuersenger

Werte pflegen

Ethische Praxis in der Altenhilfe

LAMBERTUS

Laden Sie dieses Buch kostenlos auf Ihr Smartphone, Tablet und/oder Ihren PC und profitieren Sie von zahlreichen Vorteilen:

- **kostenlos:** Der Online-Zugriff ist bereits im Preis dieses Buchs enthalten
- **verlinkt:** Die Inhaltsverzeichnisse sind direkt verlinkt, und Sie können selbst Lesezeichen hinzufügen
- **durchsuchbar:** Recherchemöglichkeiten wie in einer Datenbank
- **annotierbar:** Fügen Sie an beliebigen Textstellen eigene Annotationen hinzu
- **sozial:** Teilen Sie markierte Texte oder Annotationen bequem per E-Mail oder Facebook

Aktivierungscode: fkwp-2025

Passwort: 8479-3021

Download App Store/Google play:

- **App Store/Google play** öffnen
- Im Feld **Suchen Lambertus+** eingeben
- **Laden** und **starten** Sie die **Lambertus+ App**
- Oben links den Aktivierungsbereich anklicken um das E-Book freizuschalten
- Bei **Produkte aktivieren** den **Aktivierungscode** und das **Passwort** eingeben und mit **Aktivieren** bestätigen
- Mit dem Button **Bibliothek** oben links gelangen Sie zu den Büchern

PC-Version:

- Gehen Sie auf **www.silkcodeapps.de/desktop/lambertus**
- Kästchen links **+ Aktivierungscode** anklicken, um das E-Book freizuschalten
- **Aktivierungscode** und **Passwort** eingeben und mit **Aktivieren** bestätigen
- Wenn Sie Zusatzfunktionen wie persönliche Notizen und Lesezeichen nutzen möchten, können Sie sich oben rechts mit einer persönlichen E-Mail-Adresse dafür registrieren
- Mit dem Button **Bibliothek** oben links gelangen Sie zu den Büchern

Der Weiterverkauf des eBooks bzw. des Zugangscodes ist unzulässig.

Bei Fragen wenden Sie sich gerne an uns:
Lambertus-Verlag GmbH – Tel. 0761/36825-24 oder
E-Mail an info@lambertus.de

LAMBERTUS
SOZIAL | RECHT | CARITAS

Michael Fischer | Boris Krause
Michael Feuersenger

Werte pflegen

Ethische Praxis in der Altenhilfe

LAMBERTUS

Band 12 der Reihe „Identität und Auftrag“, herausgegeben von Michael Fischer

Bisher erschienen:
Alexis Fritz/Michael Fischer/Wolfgang Heinemann/Georg Beule (Hg.) (2016): Entscheidungen im Management christlicher Organisationen

Daniel Lins (2018): Altenhilfe braucht Spiritualität

Michael Fischer/Donatus Beisenkötter (2020): Kita als Lebensort des Glaubens

Regina Schwarz (2020): Religiosität in den Einrichtungen der Altenhilfe

Ines G. Hartmann (2021): Spiritualität im Pflegemanagement von Krankenhäusern

Christian Kroll (2022): Mehr Ethik durch Multirationales Management

Bruno Schrage/Leonie Jedicke/Anna Kohlwey/Boris Krause/Martin Stockmann (2022): Wert mal praktisch

Rainer Kinast (2023): Werteorientierte Führungskultur, 2. Auflage (1. Auflage 2020)

Uwe Hemmers (2024): Qualität und Dokumentation in der Krankenhausseelsorge

Gerlinde Kosits (2024): Ehrenamtliche Patient:innenbetreuung im Akutkrankenhaus – soziale Unterstützung durch Fremde

Michael Fischer/Bruno Schrage (2025): Kompetent, motiviert und auch noch religiös

Bibliografische Information der Deutschen Nationalbibliothek

Die Deutsche Nationalbibliothek verzeichnet diese Publikation in der Deutschen Nationalbibliografie; detaillierte bibliografische Daten sind im Internet über http://dnb.d-nb.de abrufbar.

Karlstraße 40, 79104 Freiburg im Breisgau
www.lambertus.de, info@lambertus.de
Umschlaggestaltung: Nathalie Kupfermann, Bollschweil
Druck: Elanders Waiblingen GmbH
ISBN 978-3-7841-3823-7
ISBN eBook 978-3-7841-3824-4

Inhalt

TEIL III PROJEKTE UND LERNGEWINNE IN DER ÜBERSICHT

Michael Feuersenger, Boris Krause

TEIL IV ERKENNTNISSE UND AUSBLICK

Michael Fischer, Boris Krause, Michael Feuersenger

Geleitwort

Ethik und Altenhilfe. Zwei Begriffe, die angesichts der Zukunft der Altenpflege mit Skepsis betrachtet werden: Können ethische Anliegen unter den gegenwärtigen Rahmenbedingungen noch eine Rolle spielen? Werden sie nicht von der Personalknappheit, den finanziellen Engpässen und vielen anderen drängenden Fragen überlagert oder gar verdrängt?

Diese Fragen stellen sich zu Recht und werden immer dringlicher. In den beiden zurückliegenden Jahrzehnten wurden für das Gesundheitswesen ethische Diskursformate entwickelt. Die Bemühungen, diese in den Bereich der stationären Altenhilfe zu übertragen, blieben weitgehend erfolglos. Dafür gibt es unterschiedliche Gründe. Zudem sind viele ethische Überlegungen, die im akademischen Umfeld entwickelt wurden, notwendig, aber für die Mitarbeitenden in den Einrichtungen oftmals zu praxisfern.

Das Projekt ‚Werte pflegen' hat die Formulierung und die Bearbeitung ethischer Fragen in den Einrichtungen der stationären Altenhilfe verortet. Anknüpfend an deren Bedürfnisse und im Rahmen ihrer Möglichkeiten. Auf diesem Weg sind die Widrigkeiten und Beschränkungen des Alltags ständige Begleiter. Dabei wird deutlich, was möglich ist und was eben auch nicht geht.

Informationen über das Projekt, die gesammelten Erfahrungen, die Ergebnisse einer wissenschaftlichen Auswertung und abschließende Reflexionen sind in diesem Buch zu finden. Sie schärfen den Blick dafür, wo aus Sicht der stationären Altenhilfe der ethische Schuh drückt und wie man damit umgehen kann. Es zeigen sich auf der einen Seite viel Engagement in den Einrichtungen, aber auch die klaren Beschränkungen, die derzeit in der Altenhilfe zu finden sind.

Ich freue mich, dass die vorliegende Publikation über das Projekt ‚Werte pflegen' in dieser Reihe veröffentlicht werden kann. Es ist eine Publikation in der Schnittfläche zwischen Theorie und Praxis, welche die Identität und den Auftrag nicht nur kirchlicher Einrichtungen in den Blick nimmt.

Münster, Frühjahr 2025
Michael Fischer

Vorwort

Gelebte Werte sind die Kultur eines Unternehmens. In dem Projekt 'Werte pflegen' haben sich von 2021–2023 zahlreiche Mitarbeitende der Caritas über die ethische Praxis in der Altenhilfe Gedanken gemacht. Es war für das Projekt wichtig, die handlungsrelevanten Werte in der Caritas in zahlreichen Gesprächsforen mit den Mitarbeitenden zu reflektieren. Auf diese Weise entstand mehr als nur ein neues Leitbild, in dem Werte und Ideale der eigenen Arbeit aufgezeigt werden. Es konnte Bezug genommen werden auf die tatsächlich gelebten Ideale und Werte. Die Sonntagslyrik der Leitbilder wurde so in den Praxistest der täglichen Arbeit geschickt. Es ist für die Arbeit in der Caritas wichtig, ein Gefühl für den Abstand zwischen Ideal und Wirklichkeit zu bekommen und mit diesem nie aufzulösenden Abstand leben zu lernen. In diesem Abstand findet die tägliche Arbeit statt, die ein Ringen um gelebte Werte und so um eine echt christliche Unternehmenskultur ist.

Wer seine Werte kennt, der kann auch in ethischer Hinsicht leichter Entscheidungen treffen. Die Lebensqualität von Menschen zu steigern oder zu erhalten, die unter zahlreichen Einschränkungen leiden, ist für die Arbeit der Caritas prägend. Pflegerisches Entscheiden und Handeln in der Altenhilfe zielen auf ein möglichst selbstbestimmtes und erfülltes Leben älterer und vulnerabler Menschen. Mit dieser Werteorientierung müssen die handelnden Personen in der Altenhilfe unter den Bedingungen von Personalknappheit und anderen limitierenden Faktoren arbeiten. Das ist nicht einfach. Mitarbeitende in Altenhilfeeinrichtungen der Caritas sind mit der Motivation gestartet, ihre Kraft in den Dienst von Menschen zu stellen, um diese Werte zu verwirklichen. Es ist ein zentrales Anliegen der organisierten Caritas, diese Motivation trotz aller Schwierigkeiten zu erhalten. Deshalb ist es wichtig, Räume für Reflexion der hier arbeitenden Menschen zu eröffnen. Die Würde der eigenen Person und der eigenen Arbeit kann nur erhalten bleiben, wenn sich Pflegerinnen und Pfleger als handelnde Personen erleben, die nicht nur unter den Bedingungen von Personalknappheit verplant werden, sondern auch selbstwirksam das tun können, wofür sie angetreten sind.

Mit Werten pflegen heißt, sich Räume zu erhalten, in denen eine Beziehungsqualität zu vulnerablen alten Menschen gelebt werden kann, die den Namen Nächstenliebe, Caritas verdient. Bloßes Funktionieren als Pflegeroboter reicht nicht aus. Würdevolle Pflege darf nicht dem Zufall überlassen werden. Unsere ethischen Überzeugungen und unsere wertebegründeten Haltungen müssen in der caritativen Arbeit konkret werden können. Dann kann man auch mit den einschränkenden Faktoren fertig werden.

Als Caritas sind wir froh, dass die in diesem Projekt gewonnenen Erfahrungen mit dieser Publikation nun einem größeren Publikum vorgestellt werden können. Wir danken insbesondere Herrn Michael Feuersenger und Herrn Dr. Boris Krause für die Durchführung des Projektes und Herrn Prof. Dr. Michael Fischer für dessen wissenschaftliche Begleitung. Den gewonnen Handlungsempfehlungen wünschen wir Berücksichtigung und Verwirklichung. Dafür Gottes Segen!

Christian Schmitt
Vorstand und Diözesancaritasdirektor beim Caritasverband für die Diözese Münster

Hinführung

In den Einrichtungen der stationären Altenhilfe werden die Pflegenden mit vielen ethischen Fragen konfrontiert. Auch wenn die damit verbundenen Herausforderungen nicht ausdrücklich mit dem Fachbegriff ‚ethisch' benannt werden, handelt es sich dennoch um ethisch relevante Problemfelder. Der ‚ethische Schuh' drückt an vielen Stellen.

In den beiden vergangenen Jahrzehnten sind verschiedene ethische Diskursformate für die Einrichtungen im Gesundheitswesen entwickelt und eingeführt worden. Vorreiter dieser Entwicklung waren die Krankenhäuser. Nachdem dort solche ethischen Diskursformate zwar nicht flächendeckend, aber doch in zahlreichen Einrichtungen etabliert waren, versuchte man, diese Formate in die Einrichtungen der Altenhilfe und in den ambulanten Bereich zu übertragen.

Die Erfahrung hat allerdings gezeigt, dass weder die klassischen Instrumente einer institutionalisierten Ethikberatung wie Ethikkomitees oder Ethische Fallbesprechungen noch weitere Verfahren in den Einrichtungen der Altenhilfe oder im ambulanten Bereich richtig Fuß gefasst haben. Der Grund hierfür ist sicher nicht der Mangel an ethisch relevanten Problemen in den genannten Einrichtungen.

Was sind demnach angemessene Formen, um die ethisch relevanten Fragen in der Altenhilfe zu bearbeiten? Mit dieser Fragestellung beschäftigte sich das Projekt ‚Werte pflegen' – nicht allgemein, sondern in Bezug auf die stationäre Altenhilfe. Im Zeitraum von 2021 bis 2023 haben an diesem Projekt 13 Einrichtungen teilgenommen. In diesem Projekt sollte nicht ein weiterer Versuch unternommen werden, die Einführung der klassischen Diskursformate den beteiligten Altenhilfe-Einrichtungen nahezulegen. Vielmehr ging es darum, gemeinsam mit ausgewählten Einrichtungen zunächst zu benennen, wo der ‚ethische Schuh' drückt und wie die damit verbunden Anliegen angemessen bearbeitet werden können.

Die Zielsetzung des Projektes legte folgende Projektschritte nahe: Zunächst bestimmten die Einrichtungen in sog. ‚Ethik-Dialogen', wo bei ihnen ethisch herausfordernde Situationen und Klärungsbedarfe bestehen. In einem zweiten Schritt gewichteten sie die gesammelten Problemfelder unter der Fragestellung: Welche Themen möchten und können wir bearbeiten? Sobald die Themen feststanden, überlegten wir gemeinsam mit den Einrichtungen, wie die Bearbeitung in Form eines überschaubaren Projektes gelingen kann. Die am Projekt beteiligten Einrichtungen wurden miteinander vernetzt, um einen Wissens- und Erfahrungsaustausch zu gewährleisten. Aus den Erfahrungen an den Projektstandorten sollten Wissen und Ideen für die weitere Entwicklung des Arbeitsfelds durch den Diözesancaritasverband gewonnen werden.

Dieses Buch bietet einen Einblick in das Projekt ‚Werte pflegen'. Neben grundsätzlichen Überlegungen zum Stand der Ethik in der Altenhilfe (Teil I) finden sich das Projektdesign von ‚Werte pflegen' und Einblicke in die Durchführung (Teil II), prägnante Zusammenfassungen der Lernerfahrungen und Vorgehensweisen in den beteiligten Einrichtungen (Teil III) und ein weiterführender Ausblick (Teil IV).

Dieses Projekt hätte nicht ohne die Mitwirkung zahlreicher Einrichtungen und engagierter Mitarbeitender durchgeführt werden können. Dafür möchten wir allen sehr herzlich danken:

- Den beteiligten Einrichtungen, die trotz Zeitenge und Corona-Sorgen teilgenommen haben;
- den zahlreichen Mitarbeitenden aus den Einrichtungen, die an den Ethik-Dialogen mitwirkten und die Projekte in den Einrichtungen auf die Beine stellten;
- dem Projektteam für die konzeptionelle Planung des Projekts. Namentlich waren dies: Natalie Albert (Bereich Altenhilfe, Caritasverband für die Diözese Münster – kurz: DiCV Münster), Burkhard Baumann (Geschäftsführer Domus Caritas gGmbH Steinfurt), Anne Eckert (Bereichsleitung Altenhilfe DiCV Münster), Prof. Dr. Michael Fischer (UMIT), Michael Feuerenger (Projektreferent DiCV Münster), Dr. Boris Krause (Projektleitung DiCV Münster), Nicole Rusche (Palliative Versorgung und Hospizarbeit, DiCV Münster), Dr. Christian Schmitt (Vorstand DiCV Münster);
- Eva Neumann und Benedict Barnick für wissenschaftliche Unterstützung;
- dem ‚Ethikforum im Bistum Münster' und dem hiesigen Diözesancaritasverband, die gemeinsam das Projekt ermöglicht und die Kosten für die Erstellung des Buches übernommen haben.

Die Projektkoordination lag bei Michael Feuersenger, die Projektleitung bei Dr. Boris Krause. Für die wissenschaftliche Leitung und Auswertung des Projektes wurde die Research Unit ‚Qualität und Ethik im Gesundheitswesen' an der Privaten Universität für Gesundheitswissenschaften und -technologie in Hall Tirol (UMIT) unter der Leitung von Prof. Dr. Michael Fischer beauftragt.

Die Steuerungsgruppe hatte von Beginn an ihre Skepsis gegenüber einem allein an Sammlung von Forschungsergebnissen interessierten Projekt zum Ausdruck gebracht, die möglicherweise wenig spürbare Relevanz für die weitere Praxis gehabt hätten. Der Diözesancaritasverband und die Einrichtungen seiner Mitglieder vor Ort wollten nicht nur Gegenstand der Forschung sein, sondern das gesamte Projekt sollte an der vorhandenen Praxis anknüpfen, mit den Beteiligten geplant werden und die Erkenntnisse der Weiterentwicklung der Praxis zugutekommen.

Dieses Vorgehen entspricht einem partizipativen Forschungsansatz[1], bei dem die „von der Forschung betroffenen Personen nicht primär als Gegenstand der Forschung, sondern als aktiver Partner"[2] verstanden werden. Die Einführung und Verfestigung neuer Verfahren und Verhaltensweisen ist ein sozialer Prozess, der mit dem umgebenden Umfeld eng verflochten ist.

Die Erfahrungen im Projekt ‚Werte pflegen' haben gezeigt, dass vielen Mitarbeitenden in den Einrichtungen der stationären Altenhilfe ethische Fragen präsent und wichtig sind. Diese aufzugreifen und in entsprechenden Formaten zu bearbeiten, erfordert Kreativität und Engagement. Auch wenn die durchgeführten Projekte nicht alle Probleme lösen können, zeigten sich beeindruckende Aufbrüche.

Michael Fischer, Boris Krause, Michael Feuersenger

---

1 Eine Definition eines partizipativen Forschungsansatzes lautet: „Partizipative Gesundheitsforschung ist ein wissenschaftlicher Ansatz, der die Durchführung von Forschung als eine Koproduktion verschiedener AkteurInnen versteht. Der Forschungsprozess wird zwischen allen Beteiligten partnerschaftlich organisiert und kontinuierlich im Hinblick auf die Machtverhältnisse reflektiert. Am gesamten Forschungsprozess soll dabei eine maximale Mitgestaltung der Menschen erreicht werden, deren Lebensbereiche erforscht werden" (s. Partnet o. J.).

2 Eicher et al. 2016, 262–271, 265.

Teil I
Ethik in der Altenhilfe

Michael Fischer

Viele haben erkannt, welche Bedeutung Pflegeberufe für das gesellschaftliche Leben haben. Ebenso haben viele erkannt, mit welchen ethisch belastenden Situationen Pflegende alltäglich in den Einrichtungen zu tun haben. Es stellen sich zahlreiche ethische Fragen, die sich auf die Versorgung und Begleitung der anvertrauten Menschen und ihrer Angehörigen beziehen.[3]

Im Gesundheitswesen, insbesondere in den Krankenhäusern, hat man in den vergangenen Jahrzehnten viele Erfahrungen mit der Bearbeitung von ethischen Konflikten gesammelt. In zahlreichen Initiativen wurde versucht, diese Erfahrungen in andere Bereiche des Gesundheitswesens zu übertragen. Allerdings hat sich gezeigt, dass dies kaum oder nicht in dem gewünschten Maße möglich ist. Damit verbunden ist die grundsätzliche Frage, ob sich Modelle einfach von einem in einen anderen Bereich übertragen lassen.

In der gegenwärtigen Entwicklung zeichnet sich ab, dass sich die klassischen Formen der Ethikberatung, wie sie sich in Krankenhäusern bewährt haben, für den Bereich der Altenhilfe nur in einem eingeschränkten Maß geeignet sind. Dies ist naheliegend, sofern sich Versorgungsauftrag und das Selbstverständnis einer Altenhilfeeinrichtung von denen eines Krankenhauses unterscheiden. In den letzten Jahren gehörte die Langzeitpflege zu den besonders stark wachsenden Dienstleistungsbranchen. Umso wichtiger ist es, für diesen Bereich hilfreiche Formate für die Bearbeitung ethischer Themen zu finden.[4]

---

3 Vgl. z. B. Seidlein 2024.
4 Im Jahr 2021 waren insgesamt 1,25 Mio. Personen in Pflegeeinrichtungen beschäftigt. In mehr als 16.000 stationären Pflegeeinrichtungen wird eine qualitätsvolle Versorgung der Pflegebedürftigen gewährleistet. Vgl. Statistisches Bundesamt (Destatis), Pflegestatistik 2021.

1 Wo drückt der ‚ethische Schuh'?

1.1 Ethische Herausforderungen in der stationären Altenhilfe

Das Projekt ‚Werte pflegen' beschäftigt sich mit ethischen Herausforderungen in der stationären Altenhilfe. Um einen ersten Einblick in die vielfältigen ethischen Themen in den Einrichtungen zu bekommen, haben wir im Vorfeld der Durchführung des Projekts Verantwortliche von stationären Pflegeeinrichtungen gebeten, die aus ihrer Sicht drängenden ethischen Herausforderungen zu benennen. Wie zu erwarten war, ergaben die genannten Themen eine lange Liste. Diese lassen sich zu folgenden Themenbereichen zusammenfassen: Bewohner:innen, Angehörige, Mitarbeiter:innen, Wirtschaftlichkeit und externe Kooperationspartner. Welche Anliegen unter diesen Themenfeldern genannt wurden, zeigt die folgende Zusammenstellung.

Bewohner:innen

- Viele Aussagen beziehen sich auf die Wahrung der Autonomie der Bewohner:innen. Dazu zählen beispielsweise der Umgang mit freiheitseinschränkenden Maßnahmen wie die Fixierung und Sedierung bei Unruhezuständen, die Möglichkeit zur sozialen Teilhabe oder die Abhängigkeit von dementen Bewohner:innen.
- Ebenso wurden die Änderung des Therapieziels, der Umgang mit Patientenverfügungen, die Achtung des Willens am Lebensende genannt. In diesem Zusammenhang steht die künstliche Ernährung, der Umgang mit Nahrungsverweigerung oder die Zwangsernährung.
- Eine weitere Herausforderung ist der Umgang mit Gewalt und die damit verbundenen Grenzüberschreitungen von Mitarbeiter:innen gegenüber Bewohner:innen.
- Schließlich zählen Fragen im Zusammenhang mit der Sexualität von Bewohner:innen dazu.

Angehörige

Konflikte entstehen, wenn Angehörige Wünsche äußern und um deren Durchsetzung bitten, diese allerdings nicht den Vorstellungen der Mitarbeiter:innen entsprechen oder von den Vorstellungen der Bewohner:innen abweichen. Dies betrifft beispielsweise Wünsche, die sich mit vorliegenden Patientenverfügungen nicht decken, den Umgang mit einer Flüssigkeits- und Nahrungszufuhr oder der Wunsch nach einer Veränderung des Therapieziels.

Rahmenbedingungen

Die äußeren Rahmenbedingungen belasten die Mitarbeiter:innen. Finanzen, Personal und Zeit reichen nicht aus und führen in die Überforderung oder zu einer nicht durchgängig sachgerechten Versorgung der Bewohner:innen.

Externe Kooperationspartner

Hausärzt:innen, Betreuer:innen und Behörden sind wichtige Partner in der Zusammenarbeit. Auch hier gibt es Konfliktfelder, die zu Spannungen zu führen.

Die genannten Konfliktfelder decken sich mit Erkenntnissen aus der wissenschaftlichen Literatur. Beispielsweise erhob eine systematische Literaturübersicht aus dem Jahr 2020 ethische und rechtliche Herausforderungen in der Altenpflege. Das Ergebnis dieser Literaturanalyse ergab, dass die wichtigsten ethischen Fragen mit der Autonomie älterer Menschen, der Achtung ihrer Bedürfnisse, ihrer Wünsche und Werte sowie der Achtung ihrer Entscheidungsfindung zusammenhängen. Die juristischen Fragen betrafen die Wahrnehmung der Rechte älterer Menschen, den Umgang mit Patientenverfügungen, Fragen der Ernährung und der Autonomie.[5]

Wie bereits erwähnt, verstärkten die Belastungen durch die Covid 19-Pandemie die beschriebenen Konfliktfelder. Eine Interviewstudie in Österreich erforschte die ethischen Herausforderungen in der Langzeitpflege während der Corona-Pandemie. Das Autorenteam kommt zu dem Ergebnis, dass während dieser Zeit die Pfleger:innen insbesondere die eingeschränkte Freiheit und Selbstbestimmung der Bewohner:innen sowie die veränderte Beziehungs- und Pflegequalität belasteten.[6]

---

5 Vgl., Flatscher-Thöni et al. 2021. Diese systematische Literaturrecherche erfolgte auf der Grundlage der Datenbanken PubMed, CINAHL und Ethicshare. Die Autoren empfehlen Schulungen für Pflegekräfte, ältere Menschen und ihre Familien zu folgenden Themen: „Pflegeplanung, Patientenverfügungen und Beziehungen zwischen Pflegekräften und Familienmitgliedern, um ältere Menschen bei ihren Entscheidungsprozessen und bei der Pflege am Lebensende zu begleiten und zu unterstützen" (ebd., eigene Übersetzung).

6 Ebd.

1.2 Selig, die Frieden stiften

Die Stunde der Ethik ist gekommen, wenn Personen in Gewissenskonflikte geraten und sich fragen, wie diese gelöst werden können. Ethik entsteht nicht in der dünnen Luft der Theorie, sondern ihr Ort ist die stickige Atmosphäre konkreter Konflikte und Situationen.[7] Ethisches Handeln ist in eine konkrete Situation eingebunden.

Die Dringlichkeit ethischer Fragen ist keine Gewähr dafür, dass diese bearbeitet werden. Manchmal existiert ein ungeschriebenes Gesetz des verordneten Schweigens. Kritische Anmerkungen dürfen nicht gemacht werden und der offene Dialog ist nicht eingeübt. Vielleicht wird auch die Zeit zu Hilfe geholt, die dann entscheidet. Zudem gibt es Reihe von Strategien, die auch unbewusst sein können, um ethischen Konfliktsituationen auszuweichen.[8]

Papst Franziskus hat zum Umgang mit Konflikten gesagt:
„Wenn ein Konflikt entsteht, schauen einige nur zu und gehen ihre Wege, als ob nichts passiert wäre. Andere gehen in einer Weise darauf ein, dass sie zu seinen Gefangenen werden, ihren Horizont einbüßen und auf die Institution ihre eigene Konfusion und Unzufriedenheit projizieren. Damit wird die Einheit unmöglich. Es gibt jedoch eine dritte Möglichkeit, und dies ist der beste Weg, dem Konflikt zu begegnen. Es ist die Bereitschaft, den Konflikt zu erleiden, ihn zu lösen und ihn zum Ausgangspunkt eines neuen Prozesses zu machen. ‚Selig, die Frieden stiften' (Mt 5,9).“[9]

Wer in schwierigen Handlungs- und Entscheidungssituationen mit einer friedenschaffenden Lösung belohnt wird, hat einiges dafür getan: einen Konflikt benannt, anstatt ihn zu übergehen; ihn in seinen widersprüchlichen Facetten angenommen, anstatt ihn zu verschieben; sich auf die Betroffenen eingelassen, anstatt distanziert abzuwägen und am Ende die Verantwortung für eine ethisch fragmentarische Entscheidung übernommen, weil es in den wenigsten Fällen eine ideale Lösung gibt.

---

7 Vgl. Anselm 2004, 173.
8 Vgl. Fischer 2014, 284 f.
9 Papst Franziskus, Evangelii Gaudium, 227.

1.3 Ansprüche und Widersprüche

In bestimmten Handlungs- und Entscheidungssituationen prallen unterschiedliche Interessen und Perspektiven aufeinander. Dies liegt in der Natur der Sache von Organisationen, die in ein interessengeleitetes Umfeld eingebunden und entsprechenden Anspruchsgruppen verpflichtet sind. Die Herausforderung für eine Einrichtung besteht darin, unter einem Dach unterschiedliche Ansprüche und Anforderungen auszubalancieren, um handlungsfähig zu bleiben.

Wer formuliert eigentlich Ansprüche an ein Altenheim und wie erwachsen daraus unterschiedliche Erwartungen? Um dieses Geschehen zu erklären, ist eine gedankliche Unterscheidung in drei Grundkategorien hilfreich: erstens die Umweltsphären, zweitens die Anspruchsgruppen und drittens die Interaktionsthemen.[10]

Umweltsphären

Die Umweltsphären sind die Kontexte einer Einrichtung der Altenhilfe. Sie setzen einer Einrichtung klare Grenzen, eröffnen aber auch Möglichkeiten. Umweltsphären sind also gleichsam der Rahmen, in den eine Altenhilfeeinrichtung eingebunden ist. Dabei sind die Umweltsphären unterschiedlicher Natur. Um deren Vielfalt abzubilden, können sie in die vier Einflussbereiche Wirtschaft, Technologie, Gesellschaft und Natur unterteilt werden.[11] Für Einrichtungen der Altenhilfe sind die wichtigen Kontexte beispielsweise: die veränderten wirtschaftlichen Rahmenbedingungen; die gesundheitspolitischen Weichenstellungen mit ihren zahlreichen Struktur- und Qualitätsvorgaben; die verschärften Wettbewerbsbedingungen, die sich in einer neuen Trägervielfalt widerspiegeln sowie die mit der Demografie zusammenhängenden Veränderungen.

Anspruchsgruppen

Neben den Umweltsphären prägen auch die Anspruchsgruppen mit ihren Interessen die Einrichtungen der Altenhilfe. Zu den Anspruchsgruppen zählen Menschen, Organisationen oder auch Institutionen, die von Dienstleistungen der Einrichtungen der Altenhilfe betroffen sind.[12] Wer sind diese

10 Diese Unterscheidung trifft das St. Galler Management-Modell. Vgl. Rüegg-Stürm 2003, 25–27.
11 Vgl. Rüegg-Stürm 2014, 45; sowie Jäger/Dubs 2009, 299–313.
12 Vgl. Rüegg-Stürm 2014, 56.

Anspruchsgruppen in den Einrichtungen der Altenhilfe? Die Wichtigsten sind beispielsweise die Krankenkassen, die Bewohner:innen und Angehörigen, der Gesetzgeber und die Öffentlichkeit, die Zulieferer oder Kooperationspartner und natürlich die Mitarbeiter:innen. Nicht vergessen werden darf als eine wichtige Anspruchsgruppe in kirchlichen Einrichtungen die Kirche, deren Interessen einen maßgeblichen Einfluss haben sollten. Verständlicherweise bringen all die genannten Anspruchsgruppen ihre Interessen ein und möchten ein mehr oder weniger gewichtiges Wort mitreden. Der alte und leidende Mensch wird dabei manchmal vergessen.

Interaktionsthemen

Das Mitreden und Einflussnehmen geschieht über die sog. Interaktionsthemen. Weil die unterschiedlichen Anspruchsgruppen Einfluss nehmen und mitgestalten möchten, kommt es zu teilweise recht kontroversen Aushandlungsprozessen zwischen den Einrichtungen und ihren jeweiligen Anspruchsgruppen. Nicht alle Anspruchsgruppen haben die gleichen Interessen, manche deren Ziele sind sogar äußerst kontrovers. Manche Anspruchsgruppen sind wirkmächtig, weil sie finanzstark sind oder die gegenwärtige Situation ihre Verhandlungsmacht untermauert. Andere Anspruchsgruppen besitzen weniger Lobby, obwohl deren Ansprüche ebenso relevant sind. Es bedarf nicht allzu viel Fantasie, um sich vorzustellen, mit welch harten Bandagen die Anspruchsgruppen teilweise ihre Interessen einbringen und versuchen, diese wirkmächtig durchsetzen.

Diese grundsätzlichen Überlegungen zeigen, wie unterschiedlich die ethischen Konfliktlagen in der Altenhilfe sein können. Es geht um grundsätzliche Fragen der Finanzierung, den gesellschaftlichen Stellenwert der Pflege, die Anforderungen durch den demografischen Wandel und den Mangel an Personal. Es geht um Konflikte im Team und die Versorgungssituationen der Bewohner:innen, um überzogene Ansprüche von Bewohner:innen oder deren Angehörigen, um einen abgelehnten Wunsch nach einem assistierten Suizid. Und es geht um die persönlichen Belastungen und Konflikte der Mitarbeiter:innen, die mit diesen alltäglichen Situationen verbunden sind.

2 Institutionalisierte Formen der Ethikberatung

Vergegenwärtigt man sich die zahlreichen unterschiedlichen ethisch relevanten Konfliktfelder, stellt sich die Frage, was dies für die Einrichtungen der Altenhilfe bedeutet und welchen Umgang sie damit finden.

Grundsätzlich kann man sagen, dass die Bearbeitung ethischer Konflikte Zeit und entsprechender Verfahren bedarf. Zwischen Tür und Angel funktioniert es nicht. Im Jahr 1997 haben die Krankenhausverbände der beiden Kirchen eine Initiative gestartet, ethische Diskursformate in Form von Ethikkomitees einzuführen. Bald ist dieser Vorschlag durch das Instrument der ethischen Fallbesprechungen ergänzt worden. Diese beiden Instrumente waren zunächst für Krankenhäuser gedacht, um den medizin-ethischen Fragen bei der Behandlung von Patient:innen Raum zu geben.

Einige Jahre später gab es den Versuch, die beiden Formate im außerklinischen Bereich zu etablieren. Dieses Anliegen hat auch die Akademie für Ethik in der Medizin (AEM) unterstützt. Eine entsprechende Empfehlung der AEM unterteilt die Ethikberatung in zwei Bereiche: in die klinische und die außerklinische Ethikberatung. Während sich die klinische Ethikberatung auf Krankenhäuser und Rehakliniken bezieht, ist die außerklinische Ethikberatung nicht im klinischen Bereich verortet, sondern im hausärztlichen Bereich und in (teil-)stationären Pflegeeinrichtungen.[13]

Während die Einführung von Ethikkomitees und ethischen Fallbesprechungen in den Krankenhäusern Anklang gefunden und in bestimmten Trägergruppen inzwischen zu einem festen Bestandteil geworden sind, hat die Übertragung in andere Bereiche bis auf wenige Ausnahmen nicht funktioniert. Es hat sich gezeigt, dass es nicht möglich ist, Instrumente in einen anderen Kontext zu übertragen, ohne ausreichend die entsprechenden Rahmenbedingen in den Blick zu nehmen. Bereits hier wird deutlich: Weil ethische Fragen in ihrem jeweiligen Kontext erwachsen, sind diese und ihre Bearbeitung nur bedingt miteinander vergleichbar.

13 Vorstand der Akademie für Ethik in der Medizin e.V. 2023, 314 f.

2.1 Krankenhaus

Um ethische Fragen aufgreifen zu können, müssen sie zunächst benannt werden. Bleiben sie unausgesprochen, können sie nicht bearbeitet werden. Schließlich braucht es dafür Zeit und entsprechende Gesprächsformate. Aus diesem Grund ist in den beiden letzten Jahrzehnten eine institutionalisierte Form der Ethikberatung in Form von Ethikkomitees und ethischen Fallbesprechungen eingeführt worden. Sie sollen die Bearbeitung ethischer Fragen sicherstellen.

In den Krankenhäusern ist die Einführung dieser beiden Formate am weitesten fortgeschritten. Einen wichtigen Impuls für die Entwicklung war die Veröffentlichung des Positionspapiers der beiden christlichen Krankenhausverbände im Jahr 1997, das den Krankenhäusern in christlicher Trägerschaft die Einrichtung von Ethikgremien empfahl.[14] Gemäß dieser Empfehlung sollten Ethikkomitees keine moralischen Vorgaben machen, sondern es sollte ein Diskursformat ins Leben gerufen werden, um bei schwierigen medizin-ethischen Entscheidungen darüber ins Gespräch zu kommen, welche Handlungen in einer konkreten Situation als gut und erstrebenswert angesehen werden können und welche nicht.[15]

Norbert Steinkamp und Bert Gordijn erweiterten diese Empfehlung der beiden christlichen Krankenhausverbände mit dem Vorschlag, nicht nur ein Ethikkomitee einzurichten, sondern ergänzend zu den Ethikkomitees ethische Fallbesprechungen auf den Stationen und Abteilungen durchzuführen. Damit veränderten sie die ursprüngliche Vorstellung von der Funktion von Ethikkomitees. Ihren Vorschlag nannten sie das Nimwegener Zwei-Stufen-Modell.[16]

Zahlreiche Krankenhäuser sind dieser Anregung gefolgt und haben dieses Modell eingeführt. In wie vielen Krankenhäuern diese Form der Ethikberatung etabliert ist, bleibt etwas im Unklaren. Jüngste Untersuchungen sowohl in Deutschland[17] als auch in der Schweiz[18] kommen zu dem Ergebnis, dass in beiden Ländern ungefähr in der Hälfte der Krankenhäuser entsprechende Ethikstrukturen vorhanden sind. In Österreich gaben laut einer Untersuchung aus dem Jahr 2015 ungefähr 30 % der Krankenhäuser an, dass sie ein Klinisches Ethikkomitee haben oder es sich im Aufbau befindet oder ethische

---

14 Vgl. DEKV, KKVD (Hg.), Ethik-Komitee. 1997.
15 Ebd., 7. Damit war keine Gleichgültigkeit in ethischen Fragen verbunden, sondern der kirchliche Kontext der ethischen Diskurse wurde vorausgesetzt. Ebd., 14.
16 Steinkamp/Gordijn 2003.
17 Schochow et al. 2019.
18 Zentner 2022.

Fragen in einer anderen Weise bearbeitet werden. Die Verlässlichkeit solcher Selbstauskünfte soll hier nicht beurteilt werden. Interessanterweise ist durch Untersuchungen auch bekannt, dass institutionalisierte Ethikstrukturen oft an mangelnder Unterstützung durch die Leitung und zu knappen Ressourcen leiden.[19]

2.2 Stationäre Altenhilfe

In den vergangenen Jahren gab es zahlreiche Versuche, Ethikkomitees und ethische Fallbesprechungen in den Einrichtungen der Altenhilfe aufzubauen. Beispielsweise übertrugen Norbert Steinkamp und Bert Gordijn ihr Zwei-Stufen-Modell in die Pflegeeinrichtungen.[20] Der gemeinnützige Verein ‚Frankfurter Ethiknetzwerk e.V. – Ethik in stationären Altenpflege- und Behinderteneinrichtungen' verfolgt das Ziel, in Anlehnung an die Krankenhäuser in der stationären Altenhilfe eine vergleichbare Ethikstruktur aufzubauen.[21]

Auch im ‚Ethikforum im Bistum Münster' wurde das Instrument der ethischen Fallbesprechung den Bedürfnissen der Altenhilfe angepasst. Dabei ist eine Arbeitshilfe mit dem Titel ‚Der Pflege eine Stimme geben' entstanden. Als Ziel wurde formuliert: „Pflege steht oft vor der Frage, welchen Zweck manch medizinisch verordnete Behandlungsmaßnahme verfolgt, welchen Sinn es etwa hat, einen offensichtlich sterbenden Menschen weiterhin künstlich zu ernähren. Pflegende sollen im herkömmlichen Tagesgeschehen Möglichkeiten haben, ihre Wahrnehmungen und Anliegen im Dienst des Patienten systematisch zu reflektieren und im Kreis relevanter Akteure wie Mediziner und Angehörige hinreichend zur Sprache zu bringen. Den Pflegenden, die in der Versorgung pflegebedürftiger Menschen meist so nah wie niemand sonst an diesen Menschen dran sind, ist im therapeutischen Prozess angemessen Gehör zu schenken. Therapiemaßnahmen sind zu besprechen, wenn sie den eigenen Überzeugungen vom Patientenwohl widersprechen."

Die Arbeitshilfe ist von dem Anliegen getragen, die Pflegequalität durch die Erfahrung von mehr Selbstwirksamkeit der Pfleger:innen zu erhöhen. „Pflegekräfte sollen in der Gewissheit handeln, dass das, was sie in der Pflege

---

19 Für Österreich vergleiche dazu: Bernard 2022. Für Deutschland: Dörries 2011.
20 Vgl. Steinkamp/Gordijn 2005.
21 Frankfurter Pflegenetzwerk. Der Verein wurde am 6. August 2020 gegründet. Auch Gisela Bockenheimer-Lucius schlug vor, am Krankenhaus Vorbild nehmend Ethikkomitees in der Altenhilfe einzuführen. Sie könnten zur Lösung von individualethischen, sozialethischen wie auch organisationsethischen Problemen beitragen. Vgl. Bockenheimer-Lucius 2015. Hierfür sprach sich auch Timo Sauer aus, vgl. Sauer 2012.

von Menschen für sinnvoll und erforderlich halten, Berücksichtigung in der Praxis findet." Insgesamt soll die Kommunikations- und Teamkultur bei ethischen Fragen in den Einrichtungen der ambulanten und stationären Pflege gestärkt werden. Die Arbeitshilfe ist in drei Teile gegliedert:

1. Medizinische Aspekte (Aspekte der Privatheit und des Lebensstils, Wille der Bewohner:innen/Patient:innen),
2. Abwägung ethischer und juristischer Fragen,
3. Beratungspraxis, in der das Therapie- und Pflegeziel begründet, die Privatheit neu bestimmt und das weitere Fortgehen festgelegt wird.

Es gab also zahlreiche Versuche und Initiativen, die institutionalisierte Form der Ethikberatung, wie sie in Krankenhäusern durch Ethikkomitees und ethische Fallbesprechungen aufgebaut wurden, in die Einrichtungen der Altenhilfe zu übertragen. Allerdings haben sich diese Verfahren in den Einrichtungen der Altenhilfe kaum durchgesetzt. Untersuchungen in Österreich und Deutschland[22] belegen dies.

2.3 Ambulanter Bereich

Ebenso ist die ist die Akzeptanz der ethischen Fallbesprechung im ambulanten Bereich bislang sehr gering. Eine Studie aus Deutschland kommt zur Erkenntnis:
„Im Hinblick auf den Bekanntheitsgrad und die Wahrnehmung von Angeboten der Ethik-Fallberatung ist ein gewisser Effekt der Initiativen zur ambulanten Ethikberatung erkennbar, besonders in den Großstädten. Jedoch bleibt noch viel zu tun, wobei vor allem auch die ländlichen Einrichtungen in den Blick genommen werden müssen. Die Befragung verdeutlicht, dass viele Einrichtungs- bzw. Pflegedienstleitungen kein klares Bild von Ethik-Fallberatung haben."[23]

Auch bei Hausärzten ist diese Form der Ethikberatung sehr gering. Eine etwas ältere Studie aus dem Jahr 2012 erforschte den Stand und die Akzeptanz der außerklinischen Ethikberatung im südöstlichen Bayern.[24] Das Ergebnis zeigt, dass das Angebot der ethischen Fallbesprechung nur von wenigen Hausärzt:innen in Anspruch genommen wurde und wenige Hausärzt:innen

---

22 Vgl. Bockenheimer-Lucius et al. 2022. Die Einladung zur Online-Befragung ging an alle hessischen Einrichtungen der stationären Altenhilfe (n=817); die Rücklaufquote betrug 23,2 % (n=188).
23 Ebd.
24 Thiersch et al. 2019. Es handelt sich um eine Dokumentenanalyse und eine Fragebogenerhebung unter den Hausärzt:innen zweiter Landkreise. Insgesamt nahmen 58 der 195 angeschriebenen Hausärzte an der Umfrage teil (Rücklaufquote 29,7 %).

dieses Beratungsangebot in Betracht ziehen, obgleich sie mit vielfältigen ethischen Fragestellungen konfrontiert sind. Existiert im ambulanten Bereich eine klinische Ethikberatung, ist diese auf die palliative Versorgung begrenzt. Dies Einengung wird nach Meinung der Autoren dem Grundliegen einer Ethikberatung insgesamt nicht gerecht.[25]

25 Seifart et al. 2020.

3 Übertragung von Modellen

Angesichts dieser Entwicklung stellt sich die Frage, ob und in welchem Maß Modelle in andere Kontexte übertragen werden können. Altenpflegeheime sind keine Krankenhäuser und die Arbeit in der Altenpflege erfordert ein hohes Maß an Sensibilität für die Lebenswirklichkeit alter Menschen. Einrichtungen der Altenhilfe sind oft die letzte Wohnstätte der Menschen und werfen in der Alltagsroutine spezifische ethische Fragen auf, die sich nicht allein auf Fragen der Therapiebegrenzung beschränken.[26]

Ethische Fragen entstehen in einem konkreten Kontext. Dieser unterscheidet sich erheblich in einem Krankenhaus, einer Einrichtung der Behinderten-, Alten- oder der Jugendhilfe. Diese Einrichtungen haben eigene Unternehmenskulturen und etablierte Entscheidungsverfahren, sie haben mit Menschen mit ihren spezifischen Bedürfnissen und Problemlagen zu tun, ebenso mit unterschiedlichen Berufsgruppen und deren Ethos. Während in Einrichtungen der Eingliederungs- und der stationären Altenhilfe die Bewohner:innen oft eine lange Zeit leben, werden Patient:innen in Krankenhäusern nach wenigen Tagen entlassen. Während in Krankenhäusern die medizinische Behandlung im Vordergrund steht, sind Altenhilfeeinrichtungen vorwiegend durch Pflege- und Betreuungsbeziehungen geprägt. In der Jugendhilfe steht die erzieherische und pädagogische Perspektive an erster Stelle. Mit den unterschiedlichen Menschen, Versorgungsformen, beteiligten Professionen verändern sich die ethischen Fragen.

In einer etwas anderen Weise beschäftigt sich im wissenschaftlichen Bereich die Implementierungswissenschaft mit der Frage der Übertragbarkeit von Wissen und Modellen in einen anderen Kontext. Dort spricht man von der Theorie-Praxis-Lücke. Theoretische Erkenntnisse, sollen sie wirkungsvoll zur Anwendung kommen, müssen dem jeweiligen Kontext und den entsprechenden Rahmenbedingungen angepasst werden. Ein Blick in dieses Wissenschaftsgebiet verdeutlich die Schwierigkeit, welche bei Übertragung von Wissen und Modellen in einen anderen Kontext bewältigt werden müssen.

Insbesondere stellen sich folgende Fragen: Was geschieht, wenn neues Wissen in der Praxis umgesetzt werden soll? Welche Faktoren behindern Implementierungsprozesse und welche Strategien fördern sie? Was ist zu tun, damit eingeführte Innovationen langfristig umgesetzt werden können und nicht wieder einschlafen? In den Fokus der Betrachtung rücken daher die Rahmenbedingungen vor Ort. Sind beispielsweise Führungsstil und

26 Sauer et al. 2012. Ebenso auch Bockheimer-Lucius 2015.

Personalmanagement geeignet, Mitarbeiter:innen in der Umsetzung neuen Wissens zu unterstützen? Welche Anpassungen müssen vorgenommen werden, damit neues Wissen und neue Modelle in der Praxis funktionieren?[27]

Es ist notwendig, die Möglichkeiten vor Ort in den Blick zu nehmen und die Erfahrung, Kompetenz und Lebensklugheit der dort handelnden Personen einzubinden. Hermann Brandenburg spricht von einer „strukturellen Differenz von Theorie und Praxis“ [28], die es bei der Umsetzung von wissenschaftlichen Erkenntnissen zu berücksichtigen gilt. Für eine erfolgreiche Umsetzung von wissenschaftlichen Erkenntnissen sollten diese mit dem Wissen der Personen vor Ort und deren Erfahrungen in Einklang gebracht werden.

Hermann Brandenburg kritisiert den gegenwärtigen Stand der Implementierungswissenschaften in Bezug auf Pflegeheime, da sie zu sehr Krankenhauspflege und die klinischen Professionellen in den Blick nehmen und somit die Rahmenbedingungen der Altenhilfe und die Komplexität der Einflussfaktoren vernachlässige. Um den Bedürfnissen eines Handlungsfeldes gerecht zu werden, sollten seiner Meinung nach vermehrt Ansätze der Aktionsforschung zur Anwendung kommen, um Theorie und Praxis enger zu verzahnen.[29]

Bei der Einführung von wissenschaftlichen Erkenntnissen muss die Eigenlogik der Einrichtungen und deren Machtverhältnisse berücksichtigt werden. Im Laufe ihres Bestehens haben Organisationen eigene Strategien und Routinen zur Problemlösung entwickelt, mit deren Hilfe sie auch neue Anforderungen bewältigen. Die Vorstellung, mit externen Problemlösungsvorgaben ließen sich Neuerungen einführen, verkennt die Bedeutung solcher Routinen. Die Systemtheorie bezeichnet dies als selbstreferenzielle Systeme.

Dies gilt auch für die externe Qualitätssicherung. Wenn es darum geht, ethisch relevante Qualitätsindikatoren zu entwickeln, kann dies nur mit den Betroffenen gelingen. Ohne eine Beteiligung der Altenhilfeeinrichtungen werden neue Datenfriedhöfe geschaffen.[30]

---

27 Hoben et al. 2016.
28 Brandenburg 2016, 50.
29 Vgl. ebd. 56 ff.
30 Giese/Bergmann 2024.

4 Handlungsebenen der Ethikberatung

Neben der Erkenntnis, dass Modelle nicht einfach von einem in einen anderen Bereich übertragen werden können, ist eine zweite grundsätzliche Frage zu klären: Welche ethischen Probleme lassen sich mit den beiden Instrumenten der Ethikberatung, also dem Ethikkomitee und den ethischen Fallbesprechungen, überhaupt bearbeiten? Sind diese beiden Formate für die Bearbeitung der ethischen Probleme, die in den Einrichtungen der Altenhilfe benannt werden, geeignet? Oder brauchten die Einrichtungen der Altenhilfe andere Formate und Initiativen? Im Rahmen des Projekts ‚Werte pflegen' war dies eine der zentralen Fragestellungen.

Daher ist es hilfreich, die Frage, welche ethischen Probleme mit den Ethikkomitees und ethischen Fallbesprechungen bearbeitet werden können, etwas eingehender zu betrachten. Genau diese Frage stellte sich nach der Einführung der Ethikkomitees in den Krankenhäusern auch. Um hier eine angemessene Antwort finden zu können, soll zunächst kurz vergegenwärtigt werden, auf welchen unterschiedlichen Ebenen ethische Fragen angesiedelt werden können.

4.1 Handlungsebenen der Ethik

Um die Handlungsebenen der Ethik zu systematisieren, ist die Unterscheidung in eine Mikro-, Meso- und Makroebene hilfreich.[31] Georges Enderle und andere haben darauf hingewiesen, dass diese Unterscheidung nicht besonders originell sei, weil sie sich schon lange in zahlreichen nordamerikanischen Lehrbüchern finde. Gleichwohl ist sie von grundlegender Bedeutung, weil sie ein differenziertes Verständnis von relevanten ethischen Handlungsfeldern und deren Akteuren liefert.[32]

Die obere Ebene (Makroebene) bezeichnet das Umfeld, in das eine Einrichtung der Altenhilfe eingebettet ist. Dies ist der ordnungspolitische Rahmen. Instrumente auf dieser Ebene sind Verfassungen, Gesetze, Wirtschafts- und Wettbewerbsordnungen. Die Einrichtungen der Altenhilfe sind mit vielen ethischen Fragen konfrontiert, die an anderer Stelle verursacht werden. Das Management kann daher deren Folgen nur abfedern, aber die Ursachen nicht beseitigen. Es ist wichtig, den Blick nicht auf das moralische Handeln der Individuen zu verengen. Sozialethische Probleme wie Personalmangel, die

31 Vgl. Fischer 2014, 149–160.
32 Enderle 1993, 17 f.

Verdichtung der Arbeit und die Bereitstellung von Ressourcen sind wichtige Voraussetzungen, um in einer Einrichtung fach- und sachgerecht Handeln zu können[33]. Betrachtet man nur die Individuen, besteht die Gefahr einer verkürzten Wahrnehmung der Probleme. Ungerechte Strukturen sind oftmals die Ursache für das Scheitern von Personen, obwohl sie dafür keine Verantwortung tragen.[34]

Mit der mittleren Ebene (Mesoebene) ist die Einrichtung als Organisation gemeint. Hier geht es um den Rahmen, den eine Einrichtung gestalten kann. Damit sind beispielsweise die Vorgaben einer Einrichtung, ihre Ethikstandards, ihre Unternehmenskultur, ihr Umgang mit Mitarbeiter:innen gemeint. Viele der ethischen Herausforderungen, die von den Verantwortlichen der Altenhilfeeinrichtungen genannt wurden, müssen auf dieser Ebene bearbeitet werden, auch wenn nicht immer zufriedenstellende Ergebnisse erreicht werden können.

Die untere Ebene (Mikroebene) bezieht sich auf das Individuum. Hier geht es um die Frage, was der einzelne Mensch tun kann und machen soll, um seiner ethischen Verantwortung gerecht zu werden. Dies gilt für die Rolle als Arbeitsnehmer:in oder Arbeitgeber:in, als Kolleg:in oder Führungskraft oder als An- und Zugehörige:r, kurzum für alle Rollen, die Einzelne einnehmen. Einfluss auf das Handeln haben die Wertevorstellungen der jeweiligen Menschen. Sie sind aufgefordert, innerhalb ihres spezifischen Entscheidungs- und Handlungsspielraums verantwortlich zu handeln. Freilich ist dieser Spielraum nicht unbegrenzt, sondern wird von den Rahmenvorgaben eingeschränkt.[35]

Der Vorteil dieser Aufteilung ist, dass das Entscheiden und Handeln und die damit verbundene Verantwortung möglichst konkret in den Blick und damit in Bearbeitung genommen werden kann. Es macht wenig Sinn, auch wenn dies in der Praxis häufig geschieht, die Verantwortung zwischen den jeweiligen Ebenen hin und her zu schieben. „So wenig der einzelne Akteur seine Verantwortung auf andere Akteure abschieben kann, so wenig kann die

---

33 Wöhlke/Riedel 2023.

34 Kohlen et al. 2019. In dieser Ausgabe der Zeitschrift wird auf unterschiedliche Probleme der Pflege hingewiesen: die mangelnde Partizipation der Pflegenden in Ethikkomitees Helen Kohlen), die Belastungen durch moralischen Stress und Ungewissheit (Settimio Monteverde), die Bedeutung der Entwicklung von ethischen Leitlinien (Anne Riedel) und der ethischen Fragen im Zusammenhang von Pflege und Technik.

35 Vgl. Enderle 1993, 17 f.

Verantwortung von der einen auf eine andere Ebene delegiert werden."[36] Das bedeutet natürlich nicht, dass die Lösung eines ethischen Dilemmas nicht auf eine andere Ebene verschoben werden kann. Vielmehr geht es darum, ethische Fragen dort zu bearbeiten, wo sie hingehören.

4.2 Zuständigkeit von Ethikkomitees

Da die zahlreichen ethischen Anliegen auf unterschiedlichen Handlungsebenen anzusiedeln sind, ist es verständlich, dass nicht lange Zeit nach der Einführung der Ethikkomitees in den Krankenhäusern die Frage gestellt wurde, welche ethische Themen in den Ethikkomitees bearbeitet werden können und welche dort nicht hingehören.

Es gab die Anregung, die Ethikberatung in den Krankenhäusern sollte sich nicht nur auf die Bearbeitung medizin-ethischer Themen beschränken. Dafür plädierten beispielsweise Kai und Karl-Heinz Wehkamp. Ihrer Meinung nach ist die Ethikberatung für alle Fragen zuständig, die im Spannungsverhältnis von ethischen und ökonomischen Belangen in einem Krankenhaus auftreten.[37]

Dagegen bezweifelt die Bundesärztekammer, dass dies ein sinnvoller Weg ist. Es sei umstritten,
„ob auch die ethische Beratung von organisationsethischen Fragen wie beispielsweise die Krankenhausstruktur, Fragen der Finanzierung oder Allokationsentscheidungen zum Aufgabenkreis Klinischer Ethikkomitees gehören. Die meisten Mitglieder in diesen Gremien besitzen nur eine begrenzte Expertise für die Klärung organisationsethischer Themen".[38] Zudem sei es fraglich, ob die ethischen Kriterien, die der Medizinethik zugrunde liegen, zur Klärung organisationsethischer Anliegen geeignet sind. Ebenso sei es sinnvoll, dass die ethischen Fragen von jenen Personen bearbeitet würden, die darüber entscheiden könnten und müssten.

---

36 Enderle macht in diesem Zusammenhang darauf aufmerksam, dass es bei einer handlungsorientierten Wirtschaftsethik nicht darum geht, Verantwortung auf andere abzuschieben, sondern den eigenen Spielraum verantwortlich zu gestalten: „Wenn wir das konkrete Entscheiden und Handeln ernst nehmen, fragen wir nicht in erster Linie, wie sich die anderen Individuen, Unternehmen und Wirtschaftssysteme zu verhalten haben, vielmehr wie ich selber, wie das Unternehmen und Wirtschaftssystem, dem ich angehöre, die moralische Verantwortung wahrnehmen kann (...) In der Wirtschaftsethik geht es darum, sich der Freiräume bewusst zu werden, sie verantwortlich auszunutzen und deren Bedingungen und Grenzen – wenigstens vorläufig in der Handlungssituation – zu akzeptieren" (s. ebd. S. 21 f.).

37 In diese Richtung plädiert auch Woellert 2019.

38 Stellungnahme der Zentralen Kommission zur Wahrung ethischer Grundsätze in der Medizin und ihren Grenzgebieten (Zentrale Ethikkommission) bei der Bundesärztekammer, 1705. Der Vorstand der Akademie für Ethik in der Medizin wählt offenen Formulierung, die sowohl für individualethische und organisationsethische Herausforderungen zutreffen. Vgl. Vorstand der Akademie für Ethik in der Medizin e. V. 2023, 313–324, 314.

Vermutlich haben Kai und Karl Heinz Wehkamp dieses Problem gesehen und daher die Einführung weiterer ‚Werkzeuge und Elemente' vorgeschlagen. Dazu zählen die Einführung von Ethik-Kodizes, Verhaltenskodizes, Ethik-Beauftragten, externen Ethikberater:innen, die Durchführung von Ethikworkshops, Ethik-Medien, Mitarbeiterbefragungen, Ethik-CIRS, Ethik-Audits, Compliance-Managementsysteme und spezielle Ethikprojekte.[39] Die Vielzahl der vorgeschlagenen Werkzeuge und Methoden zeigt, dass hier in Richtung umfassender Unternehmensmodelle gedacht wird.[40] Offen bleibt die Frage, wer mit welchem Instrument welche ethischen Anliegen bearbeiten soll. Dies ist vor dem Kontext stationärer Altenhilfe zu bedenken.

4.3 Konsequenzen für das Projekt ‚Werte pflegen'

Die bisherigen Darlegungen beschreiben die Ausgangssituation für das Projekt ‚Werte pflegen', welche für das Projektdesign als Grundlage dienten. Zusammengefasst können diese so beschrieben werden:

- In den Einrichtungen der Altenhilfe drückt der ‚ethische Schuh' an vielen Stellen. Das bezieht sich auf die Versorgung der Bewohner:innen, der Umgang mit Angehörigen, die Rahmenbedingungen und die Zusammenarbeit mit externen Kooperationspartnern. Dies ist nicht verwunderlich. Wie alle anderen Einrichtungen im Gesundheitswesen sind auch die Einrichtungen der Altenhilfe in ein Umfeld eingebunden, das Ansprüche an die Einrichtungen heranträgt und zu Widersprüchen in den Einrichtungen führt.
- Hier eine friedenstiftende Lösung zu erarbeiten, erfordert viel Tatkraft und ist ein langer Weg. Es braucht die Bereitschaft, den Konflikten nicht aus dem Weg zu gehen, sondern diese zum Ausgangspunkt eines Prozesses zu machen. Unter den gegenwärtigen Rahmenbedingungen mag das vielen als eine Zumutung und Überforderung erscheinen.
- Nachdem institutionalisierte Formen der Ethikberatung in jenen Krankenhäusern, denen es ein Anliegen war, Fuß gefasst und bewährt haben, gab es den Versuch, dieser Formate in den außerklinischen und ambulanten Bereich zu übertragen, insbesondere in die stationäre Altenhilfe. Von Ausnahmen abgesehen, ist dies nicht gelungen. Dafür gibt es unterschiedliche Gründe: Bewährte Formate können nicht einfach in einen anderen

39 Wehkamp/Wehkamp 2017. In diese Richtung plädiert auch Woellert 2019.
40 Um ein spezifisches Entscheidungsinstrumente für das Management für kirchliche Wohlfahrtseinrichtungen zur Verfügung zu stellen, hat im Jahr 2016 eine Arbeitsgruppe ein Entscheidungshilfe für das Management für Einrichtungen der Caritas und Diakonie entwickelt. Dieses Modell soll das Management überstützen, die in ihrem Verantwortungsbereich liegenden ethischen Fragen zu reflektieren. Dazu zählen beispielsweise personalpolitische Entscheidungen, die Verknappung der Mittel, die angemessene Grundversorgung von Versorgung von Patient:innen und Bewohner:innen, die Zusammenlegung oder Umstrukturierung von Einrichtungen, Überlastung von Überlastungsanzeigen von Mitarbeiter:innen oder die Gestaltung von Arbeitsverträgen. Vgl. Fischer 2016, 20.

Kontext übertragen werden, ohne den neuen Kontext ausreichend zu berücksichtigen. Aus einer Theorie-Praxis Perspektive bestätigen diese Erkenntnis die Implementierungswissenschaften.

- Zudem hat sich die Frage gestellt, welche thematische Reichweite Ethikkomitees und ethische Fallbesprechungen haben sollen: Welche Themen sollten dort mit welchen Personen bearbeitet werden? Um hier Klarheit zu schaffen, ist die bekannte Unterteilung der ethischen Handlungsebenen in eine Mikro-, Meso- und Makroebene hilfreich. Hier wird deutlich, dass die Ursache für die vielfältigen ethischen Herausforderungen unterschiedliche Ursachen haben, unterschiedliche Personen für deren Bearbeitung Verantwortung übernehmen müssen und die ethischen Kriterien, die für die Reflexion einzelner Themen notwendig sind, nicht die gleichen sind.

Auf der Grundlage dieser Erkenntnisse sollte in dem Projekt ‚Werte pflegen' kein neuer Anlauf unternommen werden, um die bislang institutionalisierten Formen der Ethikberatung der Krankenhäuser in die Einrichtungen der Altenhilfe zu übertragen. Vielmehr sollte mit den betroffenen Einrichtungen gemeinsam überlegt werden, welche ethischen Themen drängend sind und in welcher Weise diese bearbeitet werden können. Im Sinne der oben kritisch betrachteten Übertragbarkeit von Ethik-Modellen von einem auf den anderen Bereich gilt es dabei, auch eine Offenheit zu bewahren gegenüber dem, was in den Einrichtungen der stationären Altenhilfe als ‚ethisch' aufgefasst wird.

Teil II
Das Projekt ‚Werte pflegen. Ethische Praxis in der Altenhilfe'

Boris Krause, Michael Feuersenger

1 Ziel, Selbstverständnis und Entwicklungshintergründe des Projekts

Neben dem Anliegen, den spezifischen Inhalten und Formen ethischer Praxis in der stationären Altenhilfe auf die Spur zu kommen, lag ein weiterführendes Ziel des Projektes ‚Werte pflegen' darin, die vorhandenen ethischen Handlungs- und Reflexionskompetenzen der Pflegeeinrichtungen zu stärken und weiterzuentwickeln. Bewusst wurde somit an den vorhandenen Kompetenzen, den Bedürfnissen und den Möglichkeiten der Mitarbeiter:innen der Einrichtungen angesetzt. Daher waren die Beteiligten in die Gestaltung der Projekte von Beginn an eingebunden.

Die partizipativ-integrative Arbeitsweise ist ein etabliertes Kulturelement in der verbandlichen Caritas im Bistum Münster, die bundesweit zu den größten ihrer Art zählt.[1] Dass das Projekt zur ethischen Praxis im Bereich stationärer Altenhilfe ansetzt, hängt mit dem Spezifikum der hiesigen verbandlichen Arbeit zusammen. Der Bereich stationärer Altenhilfe ist traditionell besonders stark vertreten im Caritasverband für das Bistum Münster. Für über 200 stationäre Altenhilfeeinrichtungen dient die verbandliche Arbeit der

1 Der Caritasverband für das Bistum Münster ist der Dachverband der katholischen Wohlfahrtspflege in der Diözese. In über 2.600 sozialen Einrichtungen und Diensten arbeiten rund 80.000 Menschen. Das Spektrum reicht von Beratungsstellen über Krankenhäuser und Werkstätten für Menschen mit Behinderung bis hin zu Altenheimen und Kindertageseinrichtungen. Zudem engagieren sich etwa 30.000 Ehrenamtliche in Pfarreien, Verbänden und Einrichtungen.

Vernetzung, der fachlichen Unterstützung durch Organisation von Qualifizierungen und Fachtage sowie mit zunehmender Bedeutung der politischen Interessenvertretung.

Neben der Dienstleistungsorientierung gehört die Werteorientierung im engeren Sinn zu den Kriterien der Qualitätssicherung der Verbandsarbeit. Das etablierte Leitbild ‚guter Pflege' basiert auf der Einsicht, dass Pflege eines Menschen in seiner Vulnerabilität in sich bereits Ausdruck einer Wertehaltung, insbesondere der christlichen Grundüberzeugung ist, dass jedem Menschen eine unhintergehbare Würde zukommt und er insofern Heilung und Pflege per se ‚verdient'. Nicht von ungefähr ist der heute im Bistum Münster geförderte und im Diözesancaritasverband angesiedelte Arbeitsbereich Ethik, der aus der Kooperation von Bischöflichem Generalvikariat und Diözesancaritasverband besteht, aus den ethischen Herausforderungen eben des Handlungsfeldes der Altenhilfe entstanden. Die Gründung des ‚Ethikforums im Bistum Münster'[2] im Jahr 2007 fällt in eine Phase, in der aufgrund herausfordernder Fragestellung in der Praxis (etwa ‚lebensverlängernder Maßnahmen') und Instrumente der inter- und multidisziplinären ethischen Fallbesprechung verstärkt Einzug in die Praxis der Einrichtungen und Dienste der Gesundheitshilfe finden.[3]

Im Zuge dieser fanden ethische Lerninhalte verstärkt Eingang in die Ausbildungen der Caritas wie etwa in der Leitungsqualifizierung für Pflegefachkräfte, der neben Mitarbeiter:innen der stationären Altenhilfe auch Mitarbeiter:innen aus Krankenhaus und Hospiz adressiert.[4]

Die Zunahme des ethischen Bewusstseins erhält im Laufe der Zeit allerdings nicht den erwarteten Widerhall bei der Inanspruchnahme ethischer Instrumente wie ‚ethische Fallbesprechung', die in vielen Kontexten des stationären Alltagsgeschehens offenbar eine zu große Hürde der Nutzung darstellt. Aus dieser Wahrnehmung heraus widmete sich das diözesane Ethikforum 2014, wie oben bereits erwähnt, dem Versuch, gemeinsam mit Praktiker:innen ein niederschwelligeres ethisches Instrument für die Pflege zu entwickeln (‚Der Pflege eine Stimme geben'). Diese Arbeit stieß in der Entwicklungsphase auf positive Resonanz, zugleich hat es das Instrument als komprimierter Gesprächsleitfaden nicht vermocht, in der Praxis Eingang zu finden. Auch

---

2 Einblick in die Arbeit siehe Ethikforum Bistum Münster (o. J.).

3 Eine Reihe von Gründungen ethischer Gremien kennzeichnen seinerzeit einen verstärkten Trend, der am markantesten durch Gründung des Nationalen Ethikrates als interdisziplinäre Beratungsgremium im Jahr 2001 Ausdruck erhält.

4 Die Qualifizierungen orientieren sich nach den Maßstäben der Deutschen Krankenhausgesellschaft (DKG), die die Integration umfassender Lerninhalte zum Themenbereich ‚Ethisch denken und handeln' vorsehen.

hier wiegen die Herausforderungen des pflegerischen Alltags offenbar zu schwer und bestätigen die These, dass dem moralisch hoch aufgeladenen Handlungsfeld der Altenpflege zu hohe Hürden zur strukturellen Verankerung der ethischen Reflexion auferlegt sind.

Die im Rahmen einer Umstrukturierung des Arbeitsbereiches Ethik seit 2018 vollzogene Entwicklung hin zu kleineren, flexibleren Strukturen führte zum Experimentieren mit niederschwelligen, kürzeren Fortbildungsformaten. Neben etwa dem verstärkten Einsatz von E-Learning-Formaten[5] stießen eintägige Fortbildungen in fallbezogener Teamkommunikation sowie das dialogische Format des Ethik-Cafés auf positive Resonanz. Damit waren erste Lernfelder gegeben, die mit in das Projekt hineinspielten.

Die im Jahr 2020 konkreter werdende Projekt-Idee ‚Werte pflegen' folgt also dem in den Vorjahren verstärkt entwickelten Anliegen, praxistauglichere Zugänge für die Ethik zu schaffen, das heißt also auch einen team- und einrichtungsdienlichen Umgang mit Wertekonflikten des Pflegealltags zu ermöglichen. Im Umgang mit diesen Konflikten spielt der *Dialog* eine wesentliche Rolle. Dieser Ansatz spiegelte sich in allen drei Projektphasen wider: In der ersten Phase kamen Situationen der Pflegepraxis in Gruppengesprächen mit Mitarbeiter:innen zur Sprache; in der zweiten Phase wurden Ansätze entwickelt und erprobt, um mit herausfordernden Praxissituationen umzugehen; in der dritten Phase wurde die Wirksamkeit dieser Ansätze gemeinsam ausgewertet. Neben den einzelnen Phasen erhielten die beteiligten Einrichtungen ein Begleitprogramm mit fachlichen Impulsen und Austauschformaten. Der Projektverlauf wurde insgesamt flexibel und passfähig zu den Bedarfen der Einrichtung gestaltet. Die gesamte Prozessbegleitung durch das Projektteam war kostenfrei, während die Einrichtungen personelle Ressourcen zur Mitwirkung stellten.

---

5 So etwa das E-Learning-Modul „Todeswünschen begegnen. Begleitung von Menschen am Lebensende in katholischen Organisationen" im Zuge der verstärkten Diskussion zum sog. assistierten Suizid, siehe Ethikforum im Bistum Münster 2022.

2 Projektphasen

„Es sind nicht immer die großen Fragestellungen […]. Viel häufiger sind es die kleinen, nicht spektakulären Entscheidungen, die während eines Dienstes getroffen werden. Vielfach sind diese selbst für die Beteiligten nicht als solche auf den ersten Blick erkennbar, sie sind es aber, die zu dem Gefühl der Pflegenden beitragen, nicht alles ‚geschafft‘ beziehungsweise ‚richtig gemacht‘ zu haben“ (Bienstein 2020).[6]

Ein wichtiges Ziel des Projekts ‚Werte pflegen‘ war es, praxisnah, teamorientiert und alltagstauglich zu arbeiten. Dieser Anspruch hat sich maßgeblich auf das Projektdesign ausgewirkt. Wie bereits an anderer Stelle in dieser Veröffentlichung dargestellt (s. Teil I), ist eine Beschäftigung mit ethischen Fragestellungen entlang bestehender Strukturen und etablierter Instrumente in der Altenhilfe bisher kaum verbreitet. Kennen andere Bereiche des Gesundheitswesens – insbesondere die Krankenhäuser – dafür schon lange standardisierte und regelmäßige Verfahren, sind diese in der Altenhilfe weiterhin stärker improvisiert und anlassbezogen.

Eines der Kernanliegen ist es deshalb, ethische Reflexion und Intervention im Bereich der stationären Altenhilfe nachhaltig zu stärken. Das ausgegebene Ziel, mit den beteiligten Einrichtungen dialogorientierte und praxisbezogene Ansätze zu entwickeln, hat die Projektsteuerung dazu bewogen, Maßnahmen zu entwickeln, die sowohl einrichtungsdienlich als auch persönlichkeitsförderlich wirksam werden. Ethik bildet eine Tiefendimension konkreter Handlungssituationen und Fragestellungen, bei der Fachwissen allein häufig nicht ausreicht, um sie in Gänze zu erfassen und zu bewerten, sondern Orientierungswissen gefragt ist.[7] So galt es für das Projekt, Verständigungsformen zu fördern, die ethische und wertebezogene Annäherungen an konkrete Fragen ermöglichen. Indem das Projekt über die persönliche, dienstliche und fachliche Ebene hinaus auch die organisationale und strukturelle Ebene anspricht, leisten seine Ansätze zudem einen Beitrag zu einer „Institutionalisierung verantworteter Praxis“.[8] Die Verbindung dieser verschiedenen Ebenen hilft dabei, in der Einrichtung bewusster „wahrzunehmen, welche Arbeitsbedingungen Menschen brauchen, um nicht nur systemgerecht, sondern vor allem auch motivationsgerecht tätig werden zu können“.[9]

---

6 Bienstein 2020, 5/6, hier 5.
7 Vgl. Fischer 2017, 195–224, 213.
8 Friedmann 2014, 498–502, hier 502.
9 Burbach/Heckmann 2008, 87–107, hier 105.

Das Forschungsdesign von ‚Werte pflegen' umfasst jeweils eine Phase der *Entscheidung*, der *Analyse*, der *Umsetzung* und der *Auswertung*. Sie bauen inhaltlich und methodisch aufeinander auf und werden im Folgenden kurz beschrieben.

2.1 Entscheidungsfindung

Nachdem aus Sicht der Projektinitiierenden und der Steuerungsgruppe der Zeitpunkt für den offiziellen Projektstart gekommen war, wurde ‚Werte pflegen' im Rahmen eines Newsletter-Beitrags beworben. Der Newsletter ist eines der zentralen Informationsorgane des Caritasverbands für das Bistum Münster und erreicht alle Verbände und Träger und somit auch das adressierte Feld der stationären Altenhilfe. Neben dem Kurztext zum Projektvorhaben sind dort auch Projektinfos und ein Link zur frisch online gegangenen und bis heute aktive Website zum Projekt[10] zu finden. Nach Ablauf der Frist haben sich 13 Einrichtungen mit Interesse an einer Mitwirkung gemeldet, von denen 13 das Projekt in zwei Gruppen schließlich vollständig erfolgreich durchlaufen haben.

Die Interessenbekundungen verdienen eine kurze Kontextualisierung. Die Einladung zur Mitwirkung im Projekt ‚Werte pflegen' im Frühjahr 2021 fällt in die Hochzeit der Corona-Pandemie, in der alle Bereiche der Gesundheitshilfe am Limit sind. In einer Zeit, in der durch wiederkehrende Infektionsgeschehen die Versorgungssicherheit in einem kritischen Bereich ist und die traumatischen Eindrücke von Krankheit und Sterben in ungekannter Weise den Einrichtungsalltag prägen, ist es nicht unverständlich, wenn jedes Projekt, zumal eines, das partizipativ arbeitet und zeitliche und personelle Kapazitäten bindet, bloß wie zusätzlicher Ballast in einem ohnehin schweren Rucksack wirkt. Auf der Folie der Corona-Pandemie stellt jede einzelne Interessenbekundung aus Sicht der Projektverantwortlichen schon für sich genommen eine Besonderheit dar.

Hinzu kommt, dass sich die beteiligten Einrichtungen zwar formlos, aber dennoch schriftlich für das Projekt bewerben bzw. melden sollen und sie auch mit diesem ersten Schritt bereits ein gewisses Maß an Verbindlichkeit herstellen. In telefonischen Erstgesprächen mit den Ansprechpersonen vor Ort wird dieses Arbeitsbündnis noch einmal wechselseitig bekräftigt. Daraufhin bilden die Einrichtungen eine Projektgruppe und terminieren die Ethik-Dialoge vor Ort.

---

10 Ethikforum im Bistum Münster 2023.

2.2 Erhebungsphase

Ausgangspunkt und Basis der Erhebung bilden die sog. ‚Ethik-Dialoge‘. Ursprünglich wurde das Format als leitfadengestützte Gruppeninterviews geplant, in denen die Teilnehmer:innen jeweils nacheinander auf dieselbe Frage antworten. In der Durchführung hat sich jedoch schnell gezeigt, dass es dem Gespräch guttut und insgesamt produktiver ist, an geeigneten Stellen auch aufeinander reagieren und in den direkten Austausch kommen zu können. Häufige Beispiele dafür sind gemeinsam erlebte Situationen und Ereignisse oder die Rahmenbedingungen, unter denen in einer Einrichtung gearbeitet wird. In diesem Sinne haben die Ethik-Dialoge methodisch mehr den Charakter leitfadengestützter Gruppengespräche.

Die Leitfragen der Ethik-Dialoge gehen zusammen betrachtet einen inhaltlichen Dreischritt. Die erste Frage erkundet ethische und wertebezogene Themen und Situationen, die die Teilnehmer:innen beschäftigen. Daran schließt sich die zweite Frage an, die den bisherigen dienstlichen und persönlichen Umgang mit solchen Anliegen erschließt und betrachtet. Die Fragen 3 und 4 schließlich bilden gemeinsam ein Scharnier zu ersten Ansätzen und Ideen, um im Rahmen des Projekts ethische und wertebezogene Reflexion und Intervention zu stärken und weiterzuentwickeln.

Leitfragen in der Übersicht:

1. Wo drückt der ‚wertebezogene Schuh‘ in Ihrem Pflegealltag? Was sind die kleinen und großen ethischen Themen der stationären Altenhilfe?
2. Was hilft Ihnen bereits konkret, mit solchen Situationen umzugehen?
3. Welche Unterstützung wünschen Sie sich in den genannten Situationen Ihrer Einrichtung?
4. Gibt es bestimmte Themen, an denen Sie im Rahmen des Projekts weiterarbeiten möchten?

Die meiste Zeit innerhalb der jeweils mit 90 Min. geplanten Ethik-Dialoge in den mitwirkenden Einrichtungen widmet sich Fragenkomplex 1. Dieser Punkt hat im Fortgang des Projektdesigns eine Anpassung erfahren und wurde über die ursprüngliche, schon rein semantisch ausnahmslos defizitorientierte Frage „Wo drückt der ‚wertebezogene Schuh‘?“ um die offene zweite Frage ergänzt, was denn insgesamt die kleinen und großen ethischen Themen der stationären Altenhilfe seien. Das hat dazu beigetragen, den Blick von Anfang an auch für einen ressourcenorientierten Umgang mit ethischen und wertebezogenen Themen offen zu halten und Positivbeispiele aus dem Einrichtungsalltag zu finden. Die dazu eingebrachten Antworten und Beispiele lassen sich grob in allgemeine Themen der Altenhilfe, Spezialthemen der

Altenhilfe sowie einrichtungsspezifische Themen gliedern. Einzelergebnisse der Globalauswertung präsentiert Teil II. 4 dieser Veröffentlichung. Die Antworten in Bezug auf Frage 2 bestätigen den Befund, dass es im Feld der stationären Altenhilfe in der Regel noch keine institutionalisierten Formen ethischer Auseinandersetzung gibt. Die aufeinander aufbauenden Fragen 3 und 4 spiegeln dahingehend einen hohen Bedarf und legen Spuren zu Potenzialen und Maßnahmen, um Ethik und Werten mehr Raum zu geben.

Im Rahmen der Erhebungsphase bildeten die Ethik-Dialoge vor Ort also einen vertraulichen und geschützten Rahmen, um ethische und wertebezogene Themen aus dem beruflichen Alltag einzubringen. Dieser Schritt lebte davon, dass Situationen und Empfindungen möglichst realitätsnah und authentisch geschildert werden können. Die Beiträge der Teilnehmer:innen schufen so die Grundlage für wertebezogene Projektideen, die gut zu den Bedarfen und Bedürfnissen der jeweiligen Einrichtung passten. Mehrere Beobachtungen im Kontext der Ethik-Dialoge führten noch einmal vor Augen, dass diese Gespräche einen bedeutsamen Resonanz- und Ermöglichungsraum für die teilnehmenden Menschen eröffnen und wertvolle Unterbrechungen im Einrichtungsalltag ermöglichten.

Eine erste bemerkenswerte Einsicht boten die Settings, in denen die Ethik-Dialoge stattfanden. An drei Standorten wurde für die Gespräche in die Kapelle der beteiligten Häuser eingeladen, ohne dass es dazu vorangegangene Absprachen gegeben hätte. Die bewusste Entscheidung für die Kapelle, in der jedes Mal auch ein Hauch der Selbstverständlichkeit mitschwingt, war für das Projektteam, das die Ethik-Dialoge durchführt, anfangs überraschend. Auch in allen anderen mitwirkenden Häusern wurde auf eine möglichst ungestörte Umgebung und auf atmosphärische Details wertgelegt wie etwa ein kleines Verpflegungsangebot zum Ankommen oder frische Blumen auf den Tischen. Auf diese Weise wurde spürbar, dass hier womöglich auch Rückzugs- und Zufluchtsorte gesucht werden, die andeuten, dass das Projekt ‚Werte pflegen' vielleicht nicht unbedingt religiös oder spirituell konnotiert ist, jedoch anteilig eine geistig-geistliche und emotionale Qualität zugesprochen bekommt, die auch in den Settings Ausdruck findet, in denen die Häuser zu den Ethik-Dialogen einluden.

Eine zweite Einsicht ergaben die Gesprächssituationen selbst. Dem Projekt war an einer status- und berufsübergreifenden Verständigung gelegen, die eine möglichst hierarchiefreie projekthafte Zusammenarbeit ermöglichte. An allen Standorten wirkten neben Mitarbeiter:innen auch einzelne Leitungsverantwortliche in den Projektteams mit. Die Leitungsebene nahm in den Ethik-Dialogen keine Sonderrolle ein, sondern sprach und hörte gleichberechtigt mit, ohne in autoritärer oder korrigierender Weise Einfluss zu nehmen. Das Hemmnis einer sozialen Erwünschtheit in Bezug auf die Gesprächsbeiträge der Mitarbeiter:innen durch die Anwesenheit von Leitungspersonen blieb aus. Im Gegenteil wurde an einzelnen Stellen sogar rückgemeldet, dass es als orientierend, haltgebend und bestärkend erlebt wurde, in einer inhaltlich und methodisch außergewöhnlichen Situation gemeinsam unterwegs zu sein.

Momente der Stille oder auch eine inhaltliche ‚Sprachlosigkeit‘ gehörten ebenfalls zu den Ethik-Dialogen. Um bei Bedarf Gesprächsanregungen zu geben, legte das Projektteam auf den Tischen Impulspapiere aus, die auf eingängige ethische Fragestellungen in der Altenhilfe verwiesen. Ursprünglich als Motor oder Anregung gedacht, wurde diese Hilfestellung fast nie genutzt und wenn doch, wurde sie nicht als hilfreich erachtet. Auch das deutete bereits früh an, dass die ethischen und wertebezogenen Fragen und Ankerpunkte im nicht-kurativen Setting der Altenhilfe vielleicht an anderen Stellen angesiedelt sind als rein im Versorgungskontext. Darüber hinaus erwies es sich als hilfreich, in den Gesprächen seltener von ‚Ethik‘ und häufiger von ‚Werten‘ zu sprechen und damit dazu beizutragen, den schillernden und gelegentlich überfrachteten Begriff der Ethik zu entzaubern und zu erden. Dieser Hinweis wurde immer wieder von Teilnehmer:innen der Ethik-Dialoge selbst eingebracht.

Eine dritte Einsicht ergab sich bei der Durchführung und den einleitenden Bemerkungen vor Beginn der eigentlichen Gruppengespräche. Alle Gespräche wurden mit entsprechenden datenschutzrechtlichen Einverständniserklärungen auf der Tonspur aufgezeichnet. Das war für die meisten Menschen ein ungewöhnlicher Moment – zumal dann, wenn es um sensible Themen aus dem dienstlichen Kontext geht. Es war deshalb wichtig, sich nach der Begrüßung Zeit zu nehmen, die Verwertung der Aufzeichnungen entlang der Einverständniserklärung genau zu erläutern und die Zusicherung eines vertraulichen Umgangs mit dem Tonmaterial noch einmal zu bekräftigen und Rückfragen dazu zu ermöglichen. Außerdem erschien es hilfreich, den Aufbau der Tontechnik noch einmal zu erklären, um auch hier zu einem Mindestmaß an Technikvertrautheit beizutragen. Dann konnte nach einer kurzen Gelegenheit des sich Ordnens mit einem eindeutigen Signal zum Beginn der Aufzeichnungen das leitfadengestützte Gruppengespräch eröffnet werden.

2.3 Projektfindung

Im Nachgang der Ethik-Dialoge hatten die beteiligten Einrichtungen etwa einen Monat Zeit, die Gespräche nachwirken zu lassen. Eine Verabredung aus den Ethik-Dialogen war, dass bis dahin eine projektseitig unbeeinflusste einrichtungsinterne Verständigung darüber erfolgen sollte, welches Anliegen in den Folgemonaten projekthaft zu bearbeiten sei. Danach erfolgte im Rahmen des Bausteins ‚Ideenschmieden' ein erneuter Austausch der Projektgruppe vor Ort mit dem Projektteam im Diözesancaritasverband, um ein einrichtungsspezifisches Projekt zu definieren und Wegmarken zu dessen Umsetzung zu bestimmen. Dieser neuerliche Austausch hat im ersten Durchlauf pandemiebedingt überwiegend in Videokonferenzen oder Telefonaten stattgefunden, im zweiten Durchlauf überwiegend vor Ort in den Einrichtungen.

In den Ideenschmieden wurde vielerorts eine vertiefte Beschäftigung mit dem Themenspeicher aus den Ethik-Dialogen erkennbar, der den Einrichtungen in Form einer ersten tabellarischen Auswertung als Unterstützung in ihrem Suchprozess zur Verfügung gestellt wurde. Während dieses Arbeitsschritts wurden Kriterien herausgearbeitet, die für den überwiegenden Teil der Einrichtungen bei der Entwicklung ihrer Projektideen leitend waren. Dazu gehörten vor allem Machbarkeit, praktische und persönliche Wirksamkeit und die Möglichkeit zu einer Verstetigung der Ansätze über die zeitliche Limitierung des Projekts hinaus. Innerhalb dieses Rasters entstanden realistische und bearbeitbare Projekte vor Ort, die stark danach ausgerichtet waren, Ansätze zu schaffen, die einen dauerhaften Nutzen bringen. An wenigen Standorten war Unterstützung darin gefragt, die Themen zu sichten, zu sortieren und zu priorisieren. Aus Sicht des Projektteams nahm ‚Werte pflegen' bewusst eine ‚Entdeckerperspektive' ein und begegnete den Ideen in den Einrichtungen mit größtmöglicher thematischer und methodischer Offenheit.

Im Vorfeld der ergebnisorientierten Ideenschmieden wurde zu Netzwerktreffen eingeladen, bei denen Delegationen aller beteiligten Einrichtungen eines Durchlaufs zusammenkamen. Diese Netzwerktreffen konnten in beiden Durchläufen in Präsenz im Diözesancaritasverband in Münster durchgeführt werden. Eine Abwandlung der Beratungsmethode ‚Crea-Space'[11] bot eine geeignete Möglichkeit, um im Sinne einer einrichtungsübergreifenden Intervision im kollegialen Austausch die thematischen Spuren deutlicher zu konturieren. Bei dieser Methode wurden die thematischen Anliegen und

11 Vgl. El Hachimi et. al. 2009.

Ideen einer einzelnen Einrichtung von den anderen Einrichtungen im Rotationsprinzip kommentiert und angereichert. Diese Sichtweise floss in die Überlegungsprozesse an den einzelnen Standorten ein.

Der Baustein ‚Stippvisiten' diente dazu, den Projektfortschritt vor Ort sicherzustellen und im Rahmen eines etwa einstündigen Arbeitstreffens Fragen und Anliegen zu klären, die sich zwischenzeitlich inhaltlich oder umsetzungsbezogen ergeben hatten. Dieser Schritt wurde unabhängig von knappen zeitlichen Ressourcen sehr begrüßt, um eine kontinuierliche Weiterarbeit zu fördern und ‚am Ball zu bleiben'.

2.4 Projektdurchführung

Der klassische Lebenszyklus eines Projekts gliedert sich in Initiierung, Planung, Durchführung und Auswertung des Vorhabens; gerade in einem dezentral organisierten Praxisprojekt kommt der Phase der Durchführung besondere Bedeutung zu. Im Arbeitsfeld der stationären Altenhilfe im Allgemeinen und angesichts der Hoch- und anschließenden Übergangszeit der Corona-Pandemie im Besonderen haben sich im Projektverlauf die Faktoren Zeit, Kommunikation und Prozessbegleitung als entscheidend für das Gelingen dargestellt.

Zeit

Zeit ist in der Gesundheitshilfe ein knappes Gut. Darum ist es schon für sich genommen bemerkenswert, dass alle beteiligten Einrichtungen kontinuierlich Zeitfenster für aktive und konzentrierte Projektarbeit öffneten. Häufig wurde gespiegelt, dass das nicht allein eine organisatorische oder koordinierende Frage sei; im Hinblick auf geringe zeitliche Ressourcen war es vielmehr eine bewusste Ermöglichung, die in die Einrichtungen hinein wiederkehrend den Entschluss erneuerte und bekräftigte, im Projekt ‚Werte pflegen' mitzuwirken und sein Kernanliegen zu stärken.

Die Regelmäßigkeit, in der das möglich gewesen ist, unterscheidet sich zwischen den beiden Durchläufen 2021/2022 und 2022/2023 erheblich. Durchlauf 1 fiel zumindest zu Beginn in die Kernzeit der Corona-Pandemie. Diese außerordentliche Belastungssituation erforderte auf allen Ebenen ein hohes Maß an Unterstützung und Sensibilität. Im Hinblick auf das Projekt bedeutete das vor allem zeitliche Flexibilität – es ist klar, dass sich ein angestrebter Projektfortschritt einem Infektionsgeschehen nachordnen muss. Und auch, dass in dieser Lage selbst in vermeintlich ‚ruhigeren Fahrwassern' der Kopf nicht immer frei ist.

In Durchlauf 2 ist es an allen Standorten möglich gewesen, im Zeitplan zu bleiben und strukturiert entlang der einzelnen Projektphasen und ihrer Bausteine zu arbeiten, die in den Kapiteln 2.2 und 2.3 dieser Veröffentlichung beschrieben werden.

Kommunikation

‚Werte pflegen' versteht sich als dezidiert dialogorientiertes Projekt, dessen ursprüngliches Projektdesign regelmäßige aufsuchende Angebote vor Ort vorsah. Diese Arbeitsweise konnte in Durchlauf 2 problemlos umgesetzt werden, wurde durch die Pandemie in Durchlauf 1 jedoch massiv erschwert. Um den Gesprächsfaden mit den einzelnen Einrichtungen trotzdem nicht abreißen zu lassen, waren in dieser Zeit digitale Kontakte sehr wichtig. Es ging darum, voneinander zu hören und umeinander zu wissen, das hatte sowohl eine inhaltliche als auch und gerade eine atmosphärische Qualität.

In beiden Durchläufen hielten in der Regel die beteiligten Leitungskräfte oder stellvertretend aus dem Kreis der Mitwirkenden vor Ort bestimmte feste Ansprechpersonen Kontakt zum Projektteam im Diözesancaritasverband. Dieser Austausch wurde wechselseitig von Einrichtungen und Projektteam initiiert und ging über die durch die modularisierte Projektstruktur vorgegebene Regelkommunikation hinaus. Dadurch war es dem Projektteam möglich, Entwicklungen und Stimmungen vor Ort wahrzunehmen und bei Bedarf individualisiert und passgenau zu unterstützen und zu begleiten. Unterschiedliche Fluktuationen wie Leitungswechsel oder das Ausscheiden von Mitwirkenden konnten es erforderlich machen, diese Gesprächsebene zu überprüfen oder neu zu definieren.

Prozessbegleitung

Die Prozessbegleitung des projekthaften Arbeitens vor Ort umfasste in erster Linie, innerhalb des organisatorischen Gesamtrahmens einrichtungsspezifische Projekte zu definieren, damit verbundene Zielsetzungen zu bestimmen, zu überprüfen und bei Bedarf zu beraten und nachzusteuern. Dazu gehörte bei aller notwendigen Flexibilität, einen Zeitplan zu erstellen und dessen Verlauf im Auge zu behalten.

Eine Form der standortbezogenen Projektarbeit in Verbindung mit einrichtungsübergreifender Vernetzung ermöglichte einen ‚(Wert-)Schöpfungsprozess‘, der adaptionsfähige Ansätze und reproduzierbare Prozesse für eine vertiefte ethische und wertebezogenen Verständigung hervorbringt.

2.5 Begleitprogramm

Um sich auch abseits des eigenen konkreten Projektvorhabens weitergehend mit Ethik und Werten zu beschäftigen, waren die mitwirkenden Einrichtungen im Rahmen des Begleitprogramms ‚1 aus 3‘ eingeladen, ein speziell auf die Altenhilfe zugeschnittenes Angebot zu wählen, das dann bei ihnen vor Ort durchgeführt wurde. Die Angebote wurden vom Projektteam entwickelt und eröffneten alternative fachliche Zugänge zur ethischen und wertebezogenen Dimension der Altenarbeit.

Die Angebote in der Übersicht:

1. Basiswissen „Einfach über Ethik sprechen – Zugänge und Methoden“
2. Workshop „Werte pflegen – Ansätze für den Pflege- und Betreuungsalltag“
3. Ethik-Café „Arbeitserleben in der Altenhilfe“

Die Wahl, die Einrichtungen getroffen haben, gibt einige Hinweise. So war es ihnen offenkundig darum zu tun, den Ermöglichungsraum ‚Werte pflegen‘ umfassend zu nutzen und damit vielleicht auch eine Lücke zu füllen, die im Hinblick auf Ausbildung und Arbeitskontext immer wieder vermisst wird – nämlich eine strukturierte Beschäftigung mit der ethischen und wertebezogenen Dimension der eigenen Arbeit. An der Wahl der Einrichtungen wird erkennbar, dass sie sich hier Lerngewinne wünschten, die sich positiv und nachhaltig auf Qualität und Arbeitserleben auswirken.

Keine der 13 beteiligten Einrichtungen wählte Workshop 2 mit mehreren Hinweisen darauf, dass dieses Angebot zu nah am Arbeitsalltag und an bestehenden Angeboten sei. Lediglich eine Einrichtung entschied sich für Workshop 1 und wollte Methoden ethischer Reflexion und Verständigung näher kennenlernen. Der Großteil der Einrichtungen wählte Workshop 3 und wollte das Instrument des Ethik-Cafés erproben. Alle Einrichtungen, die sich für das Ethik-Café entschieden, nutzen es, um das eigene Projekt im jeweiligen Haus bekannter zu machen und kritisch zur Disposition zu stellen.

Über die drei Angebote des Begleitprogramms hinaus wurde das Projektteam von einer Einrichtung dafür angefragt, anhand aktueller Einzelfälle die Methode der Ethischen Fallbesprechung in verschiedenen Wohnbereichen exemplarisch durchzuführen. Zwei Einrichtungen erbaten außerdem einen Input des Projektteams zum Thema ‚Assistierter Suizid' und damit zu einer gesellschaftlich hochaktuellen ethischen Fragestellung.

Teil III
Projekte und Lerngewinne in der Übersicht

Michael Feuersenger, Boris Krause

Das Projekt ‚Werte pflegen' zielte darauf ab, Einsichten über und zugleich für die ‚ethische Praxis in der Altenhilfe' zu gewinnen. Zu diesem Zweck haben die beteiligten Einrichtungen der stationären Altenhilfe mit beeindruckendem Engagement mitgewirkt und dadurch eine große Vielfalt an Anschauungsbeispielen geliefert. Dieses Kapitel bietet eine Übersicht über alle Projekte, die an den 13 beteiligten Standorten im ersten Durchlauf (2021–2022) und im zweiten Durchlauf (2022–2023) gemeinsam entwickelt, durchgeführt und ausgewertet worden sind. Die Laufzeit der Projekte betrug jeweils etwa ein Jahr, nähere Einblicke in die Projektphasen und -bausteine sind in Teil II dieses Buches gewährt worden.

Um die Fülle der Erfahrungen und entwickelten Einsichten aus den Praxisprojekten hier lesefreundlich darzulegen, soll nach folgendem Schema verfahren werden: Der Aufbau der vorgelegten Steckbriefe benennt zuerst die betreffende Einrichtung, dann den Projekttitel und gibt eine kurze Projektbeschreibung. Daran anschließend werden allgemeine und einrichtungsspezifische Lerngewinne dargestellt, die die Projekte für andere Einrichtungen und Dienste anschluss- und adaptionsfähig machen. Hinweise zur praktischen Umsetzung vor Ort bietet darüber hinaus die Arbeitshilfe zum Projekt, die als Online-Ressource auf der Website des Projekts zur Verfügung steht.[1]

1 Ethikforum im Bistum Münster 2023.

1 Heilig-Geist-Stiftung (Dülmen)

Projekttitel: Wartezeit ist Wertezeit –
Wertebezogene Kurzimpulse für den Arbeitsalltag

Projektbeschreibung

Entwicklung und Implementierung einer wertebezogenen Variante der Fortbildungsmethode ‚One Minute Wonder' für die stationäre Altenhilfe: Das Format stammt ursprünglich aus dem Krankenhauswesen und vermittelt komprimierte Lerninhalte in kürzester Zeit. Dafür wird Überblickswissen auf Lerntafeln präsentiert, die an Stellen platziert werden, an denen Mitarbeiter:innen im Arbeitsalltag kurze Verweildauern haben. Das Projekt hat es sich zur Aufgabe gemacht, ethische und wertebezogene Lerninhalte zu thematisieren. Die Inhalte werden unter Beteiligung interessierter Mitarbeiter:innen der Einrichtung entwickelt.

Durchführung

- Kerngruppe bilden (ca. 3–5 Personen), Auftakttreffen, Ziele und Vorgehen klären
- Dazu gehören z. B.: Wie soll das Format bei uns heißen? Corporate Design mit Einrichtungslogo entwickeln, Themenschwerpunkte überlegen, Orte für Aushänge bestimmen, Erscheinungsweise festlegen
- Zum Mitmachen einladen (Aushänge, Infotreffen); Was sich besonders bewährt hat: persönliche Ansprache; Projektidee über eine erste eigene Testlerntafel transportieren
- Kleingruppen bilden (ca. 5–7 Personen), die von einem Mitglied der Kerngruppe moderiert und angeleitet werden: Themen finden und gewichten, didaktisches Arbeiten erproben, Lerntafeln produzieren
- Regelmäßige Feedbackrunden in der Großgruppe
- Neue Mitarbeiter:innen auf das Angebot aufmerksam machen

Lerngewinne

- Fachliche Auseinandersetzung mit ethischen und wertebezogenen Inhalten
- Gewinn und Verstetigung eines neuen Instruments der Wissensvermittlung, das zu den knappen zeitlichen Ressourcen des Arbeitsalltags in der stationären Altenhilfe passt und Überforderungen vermeidet
- Konzentration auf das Wesentliche, Bewertung und Systematisierung von Informationen und eine zielgerichtete und präzise Ausdrucksweise werden geschult

- Ethische und wertebezogene Themen werden in der Einrichtung *sichtbar* und bekommen sozusagen *im Vorbeigehen* Aufmerksamkeit
- Austausch über wertebezogene Themen wird insgesamt angeregt und gefördert
- Kernteam: Vertiefung und Anleitung des wissenschaftlichen und methodischen Arbeitens
- Mitwirkende: Erlernen und Erproben des wissenschaftlichen und methodischen Arbeitens
- Beteiligungsmöglichkeit für alle Berufsgruppen, es profitieren auch diejenigen, die nicht direkt an der Erstellung der Lerninhalte mitwirken

2 Altenzentrum St. Lamberti (Münster)

Projekttitel: Respekt er-leben

Projektbeschreibung

Beschäftigung mit dem Begriff ‚Respekt' und seiner Bedeutung: Was Respekt ist und wie er angemessen zum Ausdruck gebracht werden kann, ist viel mit subjektiver Wahrnehmung verknüpft. In dialogorientierten Angeboten wird entlang bestimmter Leitfragen und methodischer Ansätze ein gemeinsamer Zugang zu diesem Thema entwickelt, über den es gelingen kann, unterschiedliche Sichtweisen gleichberechtigt zur Darstellung zu bringen und zu integrieren: Was ist Respekt? Welche Themenbereiche und Konflikte spricht Respekt an? Wie erleben wir Respekt? Was können wir tun, um Respekt im Einrichtungsalltag zu fördern?

Durchführung

- Inhaltliche Erschließung des Themas durch Leitungsverantwortliche
- Vermittlung des Anliegens in die Einrichtung
- Moderierte Treffen mit Mitarbeiter:innen und Bewohner:innen (max. 15 Personen, ca. 1,5 Stunden)
- Damit möglichst viele Sichtweisen deutlich werden, ist es wichtig, dass die Gruppe hinsichtlich ihrer demografischen Merkmale möglichst einen Querschnitt durch die in der Einrichtung lebenden und arbeitenden Menschen bildet
- Auswertung der Treffen und Ableitungen für die Dienstkultur

Lerngewinne

- Respekt ist ein soziales Konstrukt, das individuell geprägt ist und verstanden wird
- Respekt ist deshalb so bedeutsam, weil er Anerkennung und Wertschätzung vermittelt
- Im Einrichtungsalltag prallen unterschiedliche Verständnisse von Respekt aufeinander
- Eine angeleitete Beschäftigung mit dem Thema Respekt leistet einen wichtigen Beitrag zu Generationenmanagement und Interkulturalität
- Irritationen und Konflikte in der Hausgemeinschaft werden aufgelöst (anlassbezogener Aspekt)
- Wechselseitiges Verständnis füreinander wächst (präventiver Aspekt)
- Die Person rückt wieder in den Mittelpunkt – losgelöst von Rolle und Funktion
- Angebot erzeugt eine positive Signalwirkung nach innen

3 St. Gertrudis-Haus (Horstmar)

Projekttitel: Verständigung ermöglichen – Kommunikation mit Angehörigen

Projektbeschreibung

Kommunikation mit Angehörigen als Zugang zu einer veränderten Beziehungsqualität und neuen Arbeitsbündnissen zum Wohle der Bewohnenden: In der Erhebungsphase hat sich gezeigt, dass der Austausch zwischen Mitarbeiter:innen und An- und Zugehörigen im Einrichtungsalltag nicht immer angemessen gelingt. Im Rahmen einer Befragung unter den Mitarbeiter:innen werden Situationen exploriert, die dafür beispielhaft sind. Auf der Grundlage der Eindrücke und Erfahrungen der Mitarbeiter:innen wird eine Kommunikations-Guideline entwickelt, die zu Auftrag und Kultur der Einrichtung passt und Beschäftigten und Angehörigen gleichermaßen dienlich ist.

Durchführung

- Leitungsverantwortliche definieren Erkenntnisinteressen und tragen die Projektidee in die Einrichtung (Infoveranstaltung, Infomailing)
- Kernteam bilden (ca. 5-7 Personen): Befragung konzipieren
- Befragung durchführen und auswerten; Was sich bewährt hat: Nachwerben, da Rücklauf im ersten Anlauf meistens nicht so hoch ist
- Ergebnisse mit der Dienstgemeinschaft teilen
- Möglichst partizipativ Maßnahmen ableiten: Kommunikations-Guideline
- Eventuell im Rahmen eines Angehörigenabends Ergebnisse präsentieren und die Anregungen und Sichtweisen der Angehörigen integrieren
- Guideline an geeigneten Stellen aushängen (z. B. Infotafeln, Dienstzimmer)
- Resonanz beobachten, Wirksamkeit evaluieren

Lerngewinne

- Kommunikation mit Angehörigen bedarf einer permanenten wechselseitigen Reflexion
- Verständigung über Rollen ist dabei ganz zentral: Wer ist Expertin für Bewohner:innen? Wie verstehen wir unseren anwaltlichen Auftrag?
- Dafür ist es wichtig, kritische und gelingende Gesprächssituationen zu explorieren

- Konsentierte Grundregeln der Kommunikation als Aspekt der Einrichtungskultur bedürfen regelmäßiger Erinnerung *(Leitfaden; ,Wunschzettel')*
- Das verhindert grenzüberschreitende oder übergriffige Ansprachen, harmonisiert den Austausch zwischen Mitarbeiter:innen und Angehörigen und fördert angemessene professionelle Distanz
- Mitunter konkurrierende Wertesysteme werden transparent und können versöhnt werden
- Selbst- und Fremdwahrnehmung werden geschärft
- (Arbeits-)Bündnisse werden neu geschlossen oder überprüft
- Beziehungsqualität wird gesteigert

4 Haus Maria Rast (Telgte)

Projekttitel: Alter und Altern erleben –
Aktionstag zu Alterssimulation und Selbsterfahrung

Projektbeschreibung

Konzipierung und Einführung eines regelmäßigen Aktionstags zum Alterserleben für unterschiedliche Zielgruppen wie Mitarbeiter:innen und Angehörige: Im Rahmen eines regelmäßig angebotenen Aktionstags mit Fortbildungscharakter wird für die Selbstwahrnehmung älterer und alter Menschen und deren besondere Bedürfnisse und Bedarfe sensibilisiert. Dafür kommen Techniken zum Einsatz, die erfahrbar machen, wie es sich anfühlt, alt zu sein - dazu gehören z. B. Alterssimulationsanzüge, Spezialbrillen oder Pflegehilfsmittel wie Rollstühle und Lifter, die täglich in der Einrichtung gebraucht werden. Das Angebot richtet sich zuerst an Mitarbeiter:innen aller Berufsgruppen und in adaptierter Form perspektivisch auch an An- und Zugehörige, die mit der Einrichtung verbunden sind.

Durchführung

- Leitungsverantwortliche konzipieren Aktionstag und verteilen Arbeitspakete
- Zentrale Aufgaben: Terminkoordination (Dienstpläne), Veranstaltungsort mit geeigneten räumlichen Voraussetzungen, Organisation von Equipment
- Parcours planen, ca. 15 Teilnehmer:innen pro Durchgang
- Reflexionsfragen zum Tag vorbereiten, die entweder auf Postkarten oder digital über einen QR-Code beantwortet werden können
- Feedbackrunden und Nachbereitung

Lerngewinne

- Simulation von Alterserscheinungen und Pflegesituationen vermittelt Teilnehmer:innen eine Ahnung davon, wie es ist, zu altern oder alt zu sein
- Dadurch entsteht eine stärkere Sensibilisierung für die besonderen Bedarfe, Bedürfnisse und damit verbundenen Emotionen alter Menschen
- Im Selbstversuch hervorgerufene Gefühle wie Überforderung, Ungeduld, Scham oder Demut bleiben im episodischen Gedächtnis und stellen das Verständnis für die Bewohner:innen auf ein verändertes Fundament

- In der Praxis werden dadurch Haltungen und Handlungen im Hinblick auf Versorgungs- und Begleitungsprozesse positiv beeinflusst
- Umgekehrt zeigt sich, dass Alter und Altern nicht nur mit Defiziten verbunden ist, sondern auch mit Ressourcen
- Video-Dokumentation[2]

---

2 Caritas für das Bistum Münster 2023.

5 Caritashaus St. Hedwig (Recklinghausen)

Projekttitel: Wertschätzende Kommunikation – Vergewisserungen über ein Wesensmerkmal der Dienstkultur

Projektbeschreibung

Orientierungspunkte zu einer wertschätzenden Kommunikation auf Augenhöhe schaffen: Kommunikation ist eine Schlüsselkompetenz gelingenden Sorgehandelns. Hier zeigt sich immer wieder ein besonderes Spannungsfeld zwischen Mitarbeiter:innen und An- und Zugehörigen. Im Mittelpunkt des Projekts steht daher das wechselseitige Kommunikationsverhalten. Anliegen sind, durch Reflexion und gezielte Kommunikationstrainings zu einer offenen Grundhaltung, einer geschärften Wahrnehmung füreinander und dadurch zu einer konstruktiveren Gesprächsführung beizutragen. Sensibilisierungen in diesem Kontext berühren auch Leitbild, Leitsatz und Dienstkultur der Einrichtung und ihre Wahrnehmung nach innen und außen.

Durchführung

- Leitungsverantwortliche kommunizieren das Projekt sichtbar nach innen und außen
- Kernteam bilden (ca. 3–5 Personen), erste Arbeitstreffen zum Themenkomplex Kommunikation
- Beteiligungsmöglichkeiten der Dienstgemeinschaft und anderer Anspruchsgruppen schaffen
- Methodische Anreize, um insbesondere Angehörigenkommunikation zu reflektieren
- Wünschenswerte Handlungsweisen erarbeiten
- Vertiefung in gezielten Kommunikationstrainings
- Integration in Einrichtungskultur: Leitbild
- Sichtbarkeit erzeugen, z. B. im Rahmen von Angehörigenabenden

Lerngewinne

- Kommunikation ist ein bleibendes allgemeines (Reiz-)Thema der Altenhilfe
- Gelingende Kommunikation bzw. deren systematische und angeleitete Reflexion wird nach innen und außen als Qualitätsmerkmal der Einrichtung erkennbar

- Wertschätzende Kommunikation stärkt die Dienstgemeinschaft und die Arbeitsbündnisse zwischen Mitarbeiter:innen und Angehörigen zum Wohle der Bewohner:innen
- Kommunikation ist kein Selbstläufer, sondern erfordert Einfühlung und Engagement
- Mitarbeiter:innen und Angehörige brauchen ein Forum und Ausdrucksmöglichkeiten, um ihre Ansprüche kenntlich machen zu können
- Dadurch entsteht ein Beitrag zu Rollenklärung und sozialer Unterstützung
- Leitungspersonen kommt dabei eine besondere Verantwortung zu und sie brauchen ein geeignetes Austauschforum untereinander
- Vertrauen, Transparenz und Feedbackkultur sind entscheidende Elemente gelingender Kommunikation und können durch gruppenübergreifende Reflexions- und Schulungsangebote gezielt gestärkt werden

6 Caritas-Seniorenheim St. Ludgerus (Heek)

Projekttitel: Stabilität in Veränderung – Welche Werte prägen uns und unsere Arbeit?

Projektbeschreibung

Erprobung eines Hospitationsangebots, um andere Arbeitsbereiche kennenzulernen und das gemeinsame Wertefundament zu entdecken: Im Zentrum steht eine Vergewisserung darüber, welche grundlegenden institutionellen, fachlichen und persönlichen Werte für die einzelnen Mitarbeiter:innen handlungsleitend sind. Hausinterne Hospitationen tragen dazu bei, wechselseitiges Verständnis und Anerkennung füreinander zu fördern. Die Einblicke in andere Bereiche werden durch das Instrument eines Steckbriefs begleitet, der es ermöglicht, im kollegialen Austausch fachliche und wertebezogene Eindrücke zu sammeln.

Durchführung

- Leitungsverantwortliche tragen Projektidee in die Einrichtung (Infoveranstaltung, Infomailing)
- Kernteam bilden, das das Hospitationsprinzip organisiert und den Steckbrief entwickelt
- Hospitationen starten und etablieren; sukzessive auch Mitarbeiter:innen dazu einladen, die neu in der Einrichtung anfangen
- Eindrücke im Rahmen eines Werkvormittags oder Ethik-Cafés in der Dienstgemeinschaft teilen und thematische Angebote ableiten

Lerngewinne

- Entwicklung eines ganzheitlichen Verständnisses von Versorgung und Betreuung, in der alle Berufsgruppen bedeutsam sind
- Vergewisserung über ein gemeinsames Wertefundament der Einrichtung und ihrer Dienstgemeinschaft
- Reflexion und Verknüpfung organisationaler und individualer Wertesysteme
- Resonanzerfahrungen in direkter Kommunikation, bei dem der kollegiale Austausch als Ressource erleb- und erfahrbar wird
- Geteiltes Arbeitserleben („voneinander wissen“)

- Wertschätzung von Personen und geleisteter Arbeit
- Konstruktiver Umgang mit strukturellen Veränderungen in der Einrichtung

7 Caritas-Altenheim St. Josef (Duisburg)

Projekttitel: ‚Wert-volle Zeit' – Begegnung schafft Verbindung

Projektbeschreibung

Etablierung eines regelmäßigen Veranstaltungsformats, das berufsgruppenübergreifende Begegnung ermöglicht und die Dienstgemeinschaft stärkt: Die Einrichtung schafft ein regelmäßiges Begegnungsangebot, das das Teambuilding im Haus unterstützt. In einladender Atmosphäre sollen inhaltliche Arbeit und soziale Interaktion ermöglicht werden. Anliegen dieser Treffen ist, die einzelnen Arbeitsbereiche in der Einrichtung stärker aufeinander zuzubewegen. Es geht darum, Nahtstellen zu vernetzen und Barrieren abzubauen. Dadurch werden die gemeinschaftliche Verwirklichung einer ganzheitlichen Versorgung begünstigt und moralischer und alltagsbezogener Stress abgebaut.

Durchführung

- Leitungsverantwortliche definieren Ziele und Botschaft des Veranstaltungsformats und kommunizieren diese in die Einrichtung
- Einladung zur Mitwirkung bei den inhaltlichen und organisatorischen Vorbereitungen
- Explizite Einladung aller Mitarbeiter:innen aller Berufsgruppen zu den regelmäßigen Treffen
- Treffen als regelmäßige Termine etablieren und sicherstellen, dass alle Mitarbeiter:innen Beteiligungsmöglichkeiten erhalten
- Auftakt mit Vermittlung des Anliegens und gemeinsame methodische Erschließung von relevanten Themen in der Dienstgemeinschaft (z. B. Impulsfragen, Ball-Wort-Runden, Metaplanwand, Cluster, Bepunktung)
- Gemeinschaftliche Priorisierung und Ableitung erster weiterführender Angebote zu den Themen, die das Haus beschäftigen

Lerngewinne

- Veranstaltungen mit niedrigschwelligem Zugang und einladendem Charakter fördern eine breite Mitwirkung
- Elemente, bei denen Begegnung und soziale Interaktion im Vordergrund stehen, bilden atmosphärische ‚Oasen' im strukturierten Einrichtungsalltag
- Partizipative Entwicklung entsprechender Angebote steigert Identifikation, Mitarbeiter:innen finden sich in den Angeboten wieder

- Kommunikation auf Augenhöhe vermittelt die Botschaft: Gelingen braucht Gemeinschaft
- Dienende Führung kommt zum Ausdruck: „Leitungsverantwortliche mit im Boot, aber nicht als Kapitän:innen"
- Begegnungsangebote erzeugen ein dynamisches Resonanzgeschehen und helfen dabei, die Dienstgemeinschaft als Ressource zu erleben
- Dienstkultur wird gemeinsam als Wertesystem entdeckt und entwickelt
- Angebot kann unkompliziert ausgebaut werden für inhaltliche Arbeit, Wissensvermittlung und Information (analog zum Format ‚Townhall Meeting')

8 St. Josef-Stift (Emsdetten)

Projekttitel: Ethische Werte im Arbeitsbereich – Erkundungen zum Stellenwert der Ethik

Projektbeschreibung

Berufsgruppenübergreifende Erkundungen zur ethischen und wertebezogenen Dimension des Einrichtungsalltags: In einem quantitativ-qualitativen Methodenmix geht die Einrichtung auf Spurensuche zum Stellenwert der Ethik. In einem ersten Schritt wird dazu eine Befragung zu den ethischen Werten im Arbeitsbereich durchgeführt. Deren Ergebnisse werden in einem zweiten Schritt in einem Ethik-Café qualitativ aufgegriffen und vertieft. Die Ergebnisse aus beiden Erhebungen werden im Rahmen eines Ethik-Tags präsentiert. Im Austausch mit der Hausgemeinschaft werden Ansätze entwickelt, um die erkennbar gewordenen Ressourcen einrichtungsdienlich und persönlichkeitsförderlich zu nutzen.

Durchführung

- Leitungsverantwortliche bilden eine Kerngruppe aus interessierten Mitarbeiter:innen
- Aushänge und Infos in den Teamgesprächen zur Projektidee und den einzelnen Schritten der Erhebungsphase (Befragung und Ethik-Café)
- Einladung zur Mitwirkung und Erinnerung
- Planung, Durchführung und Auswertung der Erhebungsschritte Befragung und Ethik-Café
- Einladung zum Ethik-Tag und Präsentation der Ergebnisse: Dialog mit der gesamten Hausgemeinschaft
- Anschlussangebote zu den Schwerpunktthemen

Lerngewinne

- Die Befragung zeigt, dass Werte für die gesamte Dienstgemeinschaft wichtig sind
- Respekt, Miteinander und Wertschätzung sind dabei als besonders bedeutsam erkennbar geworden und werden noch einmal eigens thematisiert
- Das Projekt hat den Blick dafür geschärft, was unterschiedliche Berufsgruppen zu einem gelingenden Einrichtungsalltag beitragen
- Durch diese Aktivierung sind Atmosphäre, Nahbarkeit und bereichsübergreifende Kommunikation nachhaltig gestärkt worden

- Wertebezogene Reflexionsprozesse weisen sowohl auf Defizite als auch Ressourcen hin und tragen zu einem positiven Arbeitserleben bei
- Dieser Aufbruch wird durch regelmäßige inhaltliche Angebote wie Ethik-Cafés und Angehörigenabende verstetigt

9 St. Magnus-Haus (Everswinkel)

Projekttitel: ‚Wert-Papier' –
Welche Werte sind bei der Arbeit besonders wichtig?

Projektbeschreibung

Plattform für eine Reflexion von Werten und Wertvorstellungen schaffen, die in der Dienstgemeinschaft von besonderer Bedeutung sind: Dafür wurde unter dem Signet ‚Wertpapier' ein neues Aushang-Format entwickelt, das monatlich erscheint. Das erste ‚Wertpapier' hat auf eine große Auswahl potenzieller Werte hingewiesen, die mit dem Alltag einer Einrichtung der Altenhilfe zu tun haben. Über eine Bepunktung und ein Textfeld haben Mitarbeiter:innen die Möglichkeit gehabt, auf Werte hinzuweisen, die für sie besonders wichtig sind. Diese Werte werden nun in Folgeaushängen in den Mittelpunkt gerückt und teamorientiert entfaltet.

Durchführung

- Leitungsverantwortliche bilden ein Kernteam aus interessierten Mitarbeiter:innen
- Kernteam verständigt sich über Wertesysteme
- Konzeptionellen und redaktionellen Zugang zum Thema wählen
- Info an die Dienstgemeinschaft im Rahmen eines Auftakttreffens
- ‚Wertpapier' gestalten, aushängen und bepunkten sowie auswerten
- Anregungen zu zentralen Werten über Folgeaushänge vermitteln
- Einladung zur Mitwirkung

Lerngewinne

- Verständigung über Werte und Wertvorstellungen passiert nicht automatisch
- Interaktive Instrumente wie das ‚Wertpapier' schaffen Unterbrechungen im Berufsalltag und fördern Reflexion und Austausch
- Beschäftigung mit persönlichen, fachlichen und einrichtungsbezogenen Werten eröffnet neue Sichtweisen auf den Arbeitskontext
- Art der Inhaltsvermittlung über regelmäßige Aushänge schafft Sichtbarkeit für Werte und regt den Wertediskurs im Haus an
- Das ‚Wertpapier' ermöglicht, fachliche Themen wertebezogen aufzugreifen (z. B. Welche Werte sind in der Demenzpflege zentral?)

10 Altenhilfezentrum MSC Hiltrup (Münster)

Projekttitel: ‚Werte-Welt' –
Leben und Arbeiten im Altenhilfezentrum

Projektbeschreibung

Gründung eines Arbeitskreises ‚Leben und Arbeiten im Altenhilfezentrum', der die Einrichtung gerade auch als ‚Werte-Welt' entdeckt: Der neue konstituierte Arbeitskreis befasst sich global mit Struktur und Kultur der Einrichtung und möchte darüber einen Beitrag zu deren Profilbildung leisten. Ein wichtiges Fundament einer solchen Gesamtausrichtung bilden die Werte, die den Mitarbeiter:innen individuell wichtig sind und die in der Einrichtung geteilt werden. Daher befasst sich eine Unterarbeitsgruppe unter der Überschrift ‚Willkommen in unserer Werte-Welt' dezidiert mit dieser Dimension der Einrichtung. Ethische Entscheidungsfindungen werden darüber hinaus durch die Einführung Ethischer Fallbesprechungen gestärkt.

Durchführung

- Einrichtungsleitung gibt den Startschuss und stellt die Mitwirkung aller Leitungsverantwortlichen sicher
- Gemeinsames Agenda Setting und Konstituierung des Arbeitskreises sowie weiterer Unterarbeitsgruppen, z. B. zu Ethik und Werten
- Kick-off-Veranstaltung zur Information der Dienstgemeinschaft mit der Benennung von Ansprechpersonen für bestimmte Themen
- Erster Schritt einer Unterarbeitsgruppe ‚Werte-Welt': Planung, Durchführung und Auswertung eines Ethik-Cafés, um Mitarbeiter:innen einzubinden und über Ethik und Werte ins Gespräch zu bringen
- Zweiter Schritt: Erprobung von Instrumenten Ethischer Fallbesprechung mit anschließender Feedbackrunde
- Prozess der Profilbildung regelmäßig kommunizieren und partizipative Angebote schaffen, die die Hausgemeinschaft ‚mitnehmen'

Lerngewinne

- Im Hinblick auf eine ganzheitliche Profilbildung einer Einrichtung spielen Ethik und Werte herausgehobene Rollen

- Eine systematische Reflexion dieser Dimensionen des Lebens und Arbeitens in der Einrichtung bedarf einer gezielten Steuerung durch die Leitungsverantwortlichen
- Eine partizipative und produktive Einbindung aller Mitarbeiter:innen kann durch angeleitete Methoden und Instrumente wie einem Ethik-Café oder anlassbezogenen Ethischen Fallbesprechungen ermöglicht werden
- Externe Beratung eines solchen Aufbruchs wie im Rahmen des Projekts ‚Werte pflegen' tut dem Prozess gut und eröffnet veränderte Sichtweisen
- Eine Beschäftigung mit der Kultur der Einrichtung führt zu Veränderungen, die nicht nur Vertrauen voraussetzen, sondern aktiv begleitet werden müssen
- Eine deutlichere Konturierung des Wertefundaments der Einrichtung nach außen und innen steigert die Attraktivität der Einrichtung gegenüber Kund:innen und Angehörigen
- Sie ist zusätzlich ein Gewinn im Kontext der Gewinnung und Bindung von Mitarbeiter:innen

11 Caritashaus St. Michael (Recklinghausen)

Projekttitel: Gewalterfahrungen als festen Tagesordnungspunkt in Teamsitzungen etablieren

Projektbeschreibung

Mehrdimensionale Bearbeitung des Themenkomplexes ‚Gewalt und Gewalterfahrungen' im geschützt-geschlossenen Setting: Das Projekt rückt die unterschiedlichen Gewalterfahrungen von Mitarbeiter:innen in den Fokus. Dafür führt die Einrichtung in einem ersten Schritt im Rahmen einer Befragung eine Situationsanalyse durch. Die Effekte eines häufig gewaltförmigen Arbeitserlebens werden in einem zweiten Schritt in das Spannungsfeld von Fürsorge und Selbstsorge eingeordnet. Unter der Überschrift ‚Erste Hilfe für die Seele' werden erste Maßnahmen umgesetzt, die dazu beitragen, diesen Konflikt aufzulösen. Das Schutzkonzept der Einrichtung wird weiterentwickelt, Infomaterialien erstellt und Vernetzung ermöglicht. Darüber hinaus entstehen neue Fortbildungsangebote; dazu gehört, dass sich interessierte Mitarbeiter:innen als Seelsorgliche Begleitende qualifizieren lassen können.

Durchführungen

- Einrichtung eines Qualitätszirkels zum Thema mit allen Leitungsverantwortlichen; wichtig sind hier regelmäßige Treffen, um am Thema dranzubleiben
- Befragung entwickeln, durchführen und auswerten sowie Situationsanalyse
- Vorstellung der Ergebnisse (die Ergebnisse sollten auf unterschiedlichen Wegen alle interessierten Mitarbeiter:innen zugänglich sein, z. B. E-Mail-Verteiler, Posterpräsentation, Ethik-Café)
- Gewalterfahrungen als festen Tagesordnungspunkt in Teamsitzungen etablieren
- Weiterentwicklung des Schutzkonzeptes der Einrichtung
- Fortbildungsangebote bedarfsgerecht anpassen und erweitern
- Infomaterialien überarbeiten und entwickeln
- Qualifizierung von Seelsorglichen Begleiter:innen initiieren

Lerngewinne

- Wechselseitige Gewalterfahrungen haben einen erheblichen Einfluss auf die Lebens- und Arbeitsqualität in der Einrichtung

- Gewalt muss als Aspekt der Lebenswirklichkeit in der Einrichtung zuerst aus der Tabuzone geholt werden, damit ihr produktiv entgegengewirkt werden kann
- Ein dialogorientiertes Ernstnehmen der Situation schafft Vertrauen und Offenheit
- Eine Befragung sensibilisiert verstärkt für das Thema und identifiziert zugleich Handlungsmöglichkeiten, um mit Gewalterfahrungen umzugehen
- Da in einem gerontopsychiatrischen Setting Gewalt nicht primär vermeidbar ist, bedarf es geeigneter Angebote, die im Krisenfall unterstützen
- Damit Gewalt auf ein möglichst geringes Maß reduziert werden kann, sind außerdem präventive Maßnahmen hier von hoher Bedeutung
- Mitarbeiter:innen brauchen sowohl Unterstützungsangebote, die alltagstauglich intervenieren, als auch solche, die ihnen praktische Selbstwirksamkeitserfahrungen im Umgang mit Gewalt ermöglichen
- Explizit seelsorglich orientierte Angebote bilden eine wichtige Ressource

12 Seniorenheim St. Josef (Wadersloh)

Projekttitel: ‚Ein Haus' –
Teams aufeinander zubewegen

Projektbeschreibung

Werte als Baustein gelingenden Teambuildings: Das Anliegen des Projekts ist eine Stärkung der Dienstgemeinschaft, die unterschiedliche Team-Kulturen in der Einrichtung berücksichtigt und konstruktiv aufeinander zubewegt. Kreative Maßnahmen tragen in diesem Kontext dazu bei, Unterschiedlichkeit und Vielfalt zu erhalten, aber gleichzeitig verbindende Elemente in der Dienstkultur zu erkennen und zu würdigen. Durch diese Sensibilisierung möchte das Haus eine bereichs- und berufsübergreifende Kollegialität erzeugen, deren Grundlage vielfach gemeinsam als wichtig erachtete Werte bilden. Das haben dialogorientierte Angebote wie Mitarbeiter:innen-Gespräche oder Teamsitzungen zu dieser Frage gezeigt. Die so gewonnenen Eindrücke sind im Rahmen eines Ethik-Cafés und eines Lego-Workshops vertieft worden.

Durchführung

- Leitungsverantwortliche - insbesondere Wohnbereichsleitungen und Leitungen der Funktionsbereiche - stimmen sich mit der Einrichtungsleitung zu Vorhaben und Maßnahmen ab und definieren damit verbundene Ziele
- Information an die Dienstgemeinschaft im Rahmen eines kleinen Mitarbeiter:innen-Festes - das stärkt die Botschaft ‚Ein Haus'
- Dialogorientierte Angebote auf verschiedenen Ebenen (Einzelinterviews, Teamsitzungen, Ethik-Cafés, Workshops)
- Auswirkungen bewerten und auf die gesteckten Ziele hin überprüfen

Lerngewinne

- Werte haben eine gemeinschaftsstiftende Dimension, die darauf angewiesen ist, dass diese Werte auch benannt und gelebt werden
- Insofern kann eine Beschäftigung mit Werten auch eine ‚Brückenbau'-Funktion zwischen Einzelpersönlichkeiten und Gruppen bewirken
- Werte bilden daher auch stets dann einen zentralen Aspekt, wenn es um Transformationsprozesse oder Profilbildung geht

- Durch kreative Methoden wie z. B. eine Lego-Werkstatt können richtungsweisende Verknüpfungen individueller Wertesysteme mit dem Arbeitskontext entstehen
- Verbindende Werte in der Dienstgemeinschaft zu identifizieren erleichtert, Unterschiede anzuerkennen und zu akzeptieren, die sonst vielleicht als hemmend oder störend empfunden werden würden

13 St. Elisabeth-Haus (Xanten)

Projekttitel: Gemeinsame Werte entdecken und leben

Projektbeschreibung

Werte-Runde als Multiplikator einer Werteverständigung nutzen: Die bereits bestehende Werte-Runde in der Einrichtung tritt im Kontext des Projekts stärker in Erscheinung. Die Mitwirkenden verständigen sich über ihre Rolle als Multiplikator:innen in Bezug auf ethische und wertebezogene Fragen und Themen. Den Auftakt bildet die Frage, was die Einrichtung aus Sicht der Mitarbeiter:innen besonders auszeichnet und wo sie Veränderungspotenziale sehen. Dafür gibt es zwei Möglichkeiten zur Rückmeldung: einen Aushang im Eingangsbereich und eine Postkarten-Aktion. Die zentralen Aspekte werden in einem Ethik-Café weiterbesprochen: Was ist wichtig für ein hohes Maß an Arbeitszufriedenheit? Was heißt gute Kommunikation? Wie soll Mitverantwortung angemessen gestaltet werden?

Durchführung

- Leitungsverantwortliche bilden Kernteam (hier ‚Werte-Runde'), das sich mit ethischen und wertebezogenen Themen befasst
- Anliegen der Dienstgemeinschaft erfragen und in die Planungen einbeziehen
- Aushang und Postkarten-Abfrage organisieren, durchführen und auswerten: Welche Leitfragen führen auf wertebezogene Themen hin?
- Ethik-Café zur Präsentation erster Erkenntnisse und zur Vertiefung von Schwerpunktthemen

Lerngewinne

- Werte stehen in enger Verbindung zu Arbeit – das gilt im gesamten Gesundheits- und Sozialwesen in vorzüglicher Weise
- Daher lohnt es sich per se, eigene Arbeitsgruppen zu Ethik und Werten in den Einrichtungen zu installieren
- Wertediskurse sind vor allem dann einrichtungsdienlich, wenn sie inhaltlich und methodisch mit großer Offenheit geführt werden
- In signifikanten Themen wie Arbeitszufriedenheit oder Mitverantwortung kommt ein engagierter Gestaltungswille der Mitarbeiter:innen zum Vorschein – diese Talente und Potenziale bereichern die Einrichtung

- Das zeigt noch einmal, wie wichtig es ist, Dialog und Beteiligungsmöglichkeiten zu schaffen und zu erhalten und die Impulse und Anliegen der Dienstgemeinschaft proaktiv aufzugreifen
- So werden Einblicke in die Arbeit und die Haltungen verschiedener Bereiche klarer, Themen für die zukünftige Arbeit ermittelt und Prioritäten herausgearbeitet

Teil IV
Erkenntnisse und Ausblick

Michael Fischer, Boris Krause, Michael Feuersenger

In diesem abschließenden Teil bündeln wir die Erkenntnisse aus dem Projekt ‚Werte pflegen' und geben einen Ausblick. In unsere Überlegungen fließen folgende Perspektiven ein: die Einsichten aus den Ethikdialogen, die Beobachtungen während des Projektverlaufs sowie die abschließende Endauswertung.

1 Erkenntnisse aus den Ethik-Dialogen

In den folgenden Abschnitten wird gezeigt, wie oft welche Themen in den Ethik-Dialogen benannt wurden, welche Formate der Bearbeitung in der Vergangenheit als hilfreich empfunden und welche Themen schließlich in den Projekten bearbeitet wurden.

1.1 Themen und Formate

Mithilfe der Ethik-Dialoge haben wir erkundet, wo nach Meinung der Mitarbeiter:innen der ‚ethische Schuh' in den Einrichtungen drückt. Diese Dialoge sind vor Ort in den Einrichtungen in Form von halbstrukturierten Interviews geführt und aufgezeichnet worden. Sie bestanden aus vier festgelegten Fragen:

1. Wo drückt der ‚wertebezogene Schuh' in Ihrem Pflegealltag?
2. Was hilft Ihnen bereits, mit solchen Situationen umzugehen?
3. Welche Unterstützung wünschen Sie sich in den genannten Situationen von Ihrer Einrichtung?

4. Gibt es bestimmte Themen, an denen Sie im Rahmen des Projekts weiterarbeiten möchten?

Die Dialoge wurden aufgezeichnet, zur Dokumentation abgehört und die Inhalte der Gespräche notiert. Anschließend wurden sie inhaltlich geordnet. Dabei konnten sieben Kategorien gebildet werden: Bewohner:innen, Mitarbeiter:innen, belastende Situationen, Tod und Sterben, Angehörige, Corona und Sexualität. Diese Kategorien sind in weitere Unterkategorien aufgeschlüsselt worden.

Die vierte Frage, an welchen Themen die jeweiligen Einrichtungen weiterarbeiten möchten, ist in der ersten Runde der Ethik-Dialoge zwar angesprochen, aber nicht entschieden worden. Es hat sich gezeigt, dass zur Klärung dieser Frage eine zweite Gesprächsrunde nötig war. Es bedurfte eines zeitlichen Abstandes und daher eines zweiten Gesprächs, um sich hier Klarheit zu verschaffen. In diesen Überlegungen waren vermutlich zwei Kriterien für die Entscheidung relevant: Welches Thema ist uns wichtig und wie kann dieses Thema im Rahmen unserer Möglichkeiten bearbeitet werden?

Die folgenden Ausführungen beschränken sich auf die Auswertung der ersten drei Fragen. Auf die Auswahl und Durchführung der Projekte wird an späterer Stelle noch ausführlicher eingegangen. Die nächste Tabelle gibt zunächst einen Überblick über die Einteilung der Kategorien und wie häufig diese jeweils angesprochen wurden.

Tabelle1: Überblick genannte Themen

Kategorien	Unterkategorien	Anzahl Nennungen
Mitarbeiter:innen		18
	Wertschätzung	8
	Umgang mit Bewohner:innen	6
	Generationenkonflikte	3
	Sonstige	1
Bewohner:innen		17
	Bedürfnissen nicht gerecht werden	8
	anstrengende Bewohner:innen	9
Belastende Situationen		13
	Schuldgefühle	6
	Ethische Konflikte	4
	Sonstige	3
Tod und Sterben		13
	Ethische Konflikte	4
	Ungemessene Begleitung	3
	Tabuthema	2
	Sonstige	2
Zeitmangel		12
Angehörige		10
	Erwartungen Angehöriger	5
	Umgang mit Angehörigen	5
Corona		5
Sexualität		3

Im Folgenden werden die einzelnen Kategorien kurz dargestellt. In die Darstellung der Auswertung sind jeweils die ersten drei Leitfragen des Interviews eingearbeitet worden.

Mitarbeiter:innen (18)

In den Dialogen sprachen die Mitarbeiter:innen in 19 Sequenzen über dieses Themenfeld, das in vier Unterkategorien aufgeschlüsselt werden kann.

Wertschätzung (8)
Das Thema Wertschätzung hat seine Bedeutung im Rahmen der Zusammenarbeit. Die Mitarbeiter:innen berichteten, dass die Wertschätzung im Arbeitsalltag nicht immer gegeben sei: Beim Austausch zwischen den verschiedenen Professionen, durch vorhandene Sprachbarrieren, aufgrund mangelnder Annahme oder Beachtung des anderen. Gute Erfahrungen haben die Mitarbeiter:innen mit Möglichkeiten der persönlichen Begleitung, Supervision und entsprechenden Fortbildungen gemacht. Sie wünschen sich insgesamt eine gute Besprechungskultur und Möglichkeiten der Reflexion.

Umgang mit Bewohner:innen (5)
Im Umgang mit Bewohner:innen (4) kommt es bei den Mitarbeiter:innen zu Spannungen untereinander. Dies ist auf unterschiedliche Vorstellungen von der Versorgung zurückzuführen, die zu Konflikten führen. Hier wünschen sich die Mitarbeiter:innen Supervision und entsprechende Weiterbildungen.

Generationenkonflikte (3)
Es gibt auch Spannungen im Umgang mit Bewohner:innen, die ausdrücklich auf unterschiedliche Vorstellungen zwischen den Generationen (4) zurückgeführt werden. Auch hier geht es wieder um verschiedene Erwartungen, wie Bewohnende angemessen versorgt werden sollen. Als hilfreich wurden hier Teambesprechungen oder auch die Möglichkeit zur ethischen Fallbesprechung genannt. Als Wunsch wurde angeführt, jungen Mitarbeiter:innen die Möglichkeit zu geben, sich beispielsweise durch die Einbindung in Ethik-AGs mit ethischen Haltungen auseinanderzusetzen.

Sonstiges (2)
Hier wurde auf Weiterbildungen hingewiesen, die entfallen sind.

Bewohner:innen (17)

In diesem Themenfeld gibt es 17 Nennungen. Dabei kommt auf der einen Seite die Sorge zum Ausdruck, den Bewohner:innen nicht gerecht zu werden, und auf der anderen Seite werden Beispiele von anstrengenden Bewohner:innen genannt, die sehr viel Zeit und Kraft der Mitarbeiter:innen beanspruchen.

Bedürfnissen der Bewohner:innen nicht gerecht werden (8)
Die Befragten äußerten, dass Sie den Bedürfnissen der Bewohner:innen nicht gerecht werden können. Dabei geht es beispielweise um Menschen, die nachtaktiv sind, weglaufen oder deren Recht auf Selbstbestimmung nicht ausreichend gewahrt wird. Hilfreich werden hier vor allen Dingen der Austausch, die Abstimmung und die Beratung im Team wahrgenommen. Die Mitarbeiter:innen wünschen sich ausreichend Gesprächsmöglichkeiten und die Verständigung über Werte.

Anstrengende Bewohner:innen (9)
Die Mitarbeiter:innen weisen auf anstrengende Bewohner:innen hin, die viel Zeit in Anspruch nehmen. Dazu zählen seitens der Bewohner:innen überzogene Erwartungen, psychische Erkrankungen, bösartiges und grenzverletzendes Verhalten oder geltungsbedürftige Personen.
Bewährt hat sich im Umgang mit anstrengenden Bewohner:innen die Unterstützung durch die Leitung und die Abwechslung der Zuständigkeit für solche Bewohner:innen im Team.

Belastende Situationen (13)

Schuldgefühle (6)
Dass Mitarbeiter:innen bestimmten Situationen in der Versorgung von Bewohner:innen nicht gerecht werden können, führt zu einem schlechten Gewissen oder auch zu Gefühlen der Schuld.

Ethische Konflikte (4)
Hier wird sehr allgemein von ethischen Problemen gesprochen, die nicht ausreichend besprochen werden können.

Sonstige (2)
In zwei Fällen wird von allgemeiner Belastung gesprochen.

Tod und Sterben (13)

Äußerungen, die sich mit den Themen Tod und Sterben beschäftigen, wurden zu einer eigenen Kategorie zusammengefasst. Dieses Themenfeld wurde 13-mal benannt.

Ethische Konflikte (4)
Bei den Fragen am Lebensende entstehen für die Mitarbeiter:innen ethische Konflikte. Im Einzelnen wurde genannt: Vermittlung zwischen den Ansichten von Hausärzten und dem palliativen Konsiliardienst, die Verweigerung der Nahrungsaufnahme durch die Bewohner:innen und allgemein Entscheidungen am Lebensende.

Bei diesen Themen helfen der Austausch und die Beratung im Kollegium, die Entwicklung von entsprechenden Konzepten, die Unterstützung durch die Heimleitung und die Inanspruchnahme der Hilfe Dritter. Die Mitarbeiter:innen wünschen sich Schulungen zu diesem Themenbereich, ethische Fallbesprechungen und die Einigung auf Handlungsoptionen, die Orientierung geben.

Unangemessene Begleitung (3)
Hier beklagen die Mitarbeiter:innen, dass Sterbefälle nicht angemessen begleitet werden können. Als hilfreich wurden Verabschiedungsrituale und der Austausch empfunden.

Tabuthemen (2)
Zwei Befragte sind der Meinung, dass Tod und Sterben tabuisiert würden.

Zeitmangel (12)

Das Thema Zeitmangel fällt aus der Logik der hier aufgeführten Gliederung heraus. Allerdings wird es häufig genannt. Zeitmangel führt zu unterschiedlichen Problemen und Herausforderungen, die in dieser Aufzählung genannt werden. Auffallend ist, dass der Zeitmangel als einer der wichtigsten Gründe für viele Probleme benannt wird.

Angehörige (10)

Auch die Äußerungen, die im Zusammenhang mit dem Verhalten von Angehörigen gemacht wurden, bilden eine eigene Kategorie.

Erwartungen Angehöriger (5)
Die Mitarbeiter:innen benennen überzogene Erwartungen und Vorwürfe oder teilweise rücksichtlose Erwartungen seitens Angehöriger: Oft hätten dabei die Angehörigen vorwiegend ihre eigenen Interessen im Blick, nicht aber die der Bewohner:innen. In diesen Fällen empfinden die Interviewteilnehmer:innen die Dokumentation von Konflikten zwischen Mitarbeiter:innen und Angehörigen, Gespräche mit Kolleg:innen, die Durchführung von Fallbesprechungen oder entsprechende Weiterbildungen als hilfreich. Von den Einrichtungsleitungen wird erwartet, dass Mitarbeiter:innen für dieses Thema sensibilisiert und entsprechende Formate angeboten werden, um sich damit zu beschäftigen.

Umgang mit Angehörigen (5)
Die Mitarbeiter:innen weisen darauf hin, dass viele Entscheidungen im Zusammenspiel mit den Angehörigen getroffen werden. Daher ist es wichtig, diese in Entscheidungsprozesse rechtzeitig einzubinden und sie nicht zu übergehen. Um dies zu gewährleisten, waren bislang schriftliche Orientierungen und Informationen, offene Gesprächsrunden wie Ethikdialoge und die Einigkeit in der Leitung hilfreich. Für die Zukunft ist wünschenswert, dass die Sensibilität bei und ein gezielter Erfahrungsaustausch zwischen den Mitarbeiter:innen gefördert sowie die Übergaben gut gestaltet werden.

Corona (5)

Die Belastungen, die während der Covid-19-Pandemie entstanden, haben in den Gesprächen nachgeklungen. Jene Themen sind benannt worden, die im gesamten Gesundheits- und Sozialbereich zu extremen Belastungen geführt haben: Kaum Kontakt zwischen den Mitarbeiter:innen in den Einrichtungen, unzureichende Gewährleistung der Selbstbestimmung von Bewohner:innen und ihre die soziale Isolierung und Vereinsamung. Im Nachhinein betrachtet wären Nachbesprechungen hilfreich gewesen.

Sexualität (3)

Es gab wenige Äußerungen zu diesem Themenfeld. Gesagt wurde, dass dieses Thema schambesetzt sei, Sexualität seitens der Bewohner:innen nicht ausreichend ausgelebt werden könne und kein würdiger Umgang damit gegeben sei. Gewünscht wird ein offener Umgang mit diesem Thema.

Formate

Neben Auflistung und kurzer Beschreibung der Themen, welche in den Ethik-Dialogen benannt wurden, ist ein zusammenfassender Blick auf die Formate hilfreich, die von den Befragten in ihrer Arbeit bereits als hilfreich empfunden wurden oder bei denen noch ein weiterer Ausbau gewünscht ist. Die nächste Tabelle ermöglicht einen Überblick.

Tabelle 2: Abbildung Formate der Bearbeitung

Formate	Bisher hilfreich	Wunsch
Gesprächsräume (Team und offene)	5	6
Entsprechende Handlungskonzepte	4	3
Unterstützung durch Leitung	3	0
Persönliche Begleitung/Supervision	3	1
Weiterbildungen	2	2
Ethische Fallbesprechungen	3	1

Angemessene Gesprächsformen, sei es im Team oder anderweitig, waren bisher am hilfreichsten. Ebenso ist der Wunsch nach solchen Gesprächsmöglichkeiten am häufigsten benannt worden. An zweiter Stelle stehen Handlungskonzepte, die in schwierigen Situationen Handlungssicherheit und Orientierung bieten. Dazu zählen beispielsweise Verabschiedungsrituale oder entsprechende Handlungsabläufe. An dritter Stelle steht die Unterstützung durch die Leitung. Diese scheint in den beteiligten Einrichtungen vorhanden zu sein, weil diesbezüglich keine weiteren Wünsche formuliert wurden. Die persönliche Begleitung beispielsweise in Form von Supervision wird als hilfreich empfunden, der Wunsch, diese weiter auszubauen, ist eher gering. Weiterbildung stehen an fünfter Stelle mit jeweils zwei Nennungen als ‚bisher hilfreich' und ‚wünschenswert'. Ethische Fallbesprechungen wurden bisher als hilfreich empfunden, der Wunsch dieses Format weiter auszubauen, ist eher gering. Gewünscht sind zwar Gesprächsformate, aber wohl nicht in Form von ethischen Fallbesprechungen. Mit diesem Format können vermutlich nur spezifische Fragestellungen bearbeitet werden, die nicht die große Themenbreite abdecken, die zuvor von den Befragten benannt wurde.

1.2 Tatsächlich relevante Themenfelder und Gesprächsräume

Interessant ist die Beobachtung, welche Themen in den Ethik-Dialogen angesprochen wurden. Im Vergleich zu der Erhebung, die vor Beginn des Projekts mit den Einrichtungen stattgefunden hat, und deren Erkenntnisse mit zahlreichen anderen Studien übereinstimmen (vgl. Teil I, 1.1), fällt in den Ethik-Dialogen auf, dass der Fokus der genannten Themen mehr auf der Zusammenarbeit in der Einrichtung liegt. Der Umgang miteinander wurde am häufigsten genannt. Es geht um die Art und Weise, wie die Mitarbeiter:innen miteinander umgehen und welche Konflikte sie zu bewältigen haben.

Dieses Thema kam bei der Eingangsbefragung gar nicht oder nur in Andeutungen vor. Die Fokussierung auf diesen Bereich liegt vermutlich in der Fragestellung begründet: Wo drückt der ‚wertebezogene Schuh' in Ihrem Pflegealltag? Die Frage zielt nicht auf allgemeine ethische Konfliktsituation in der Altenpflege, sondern auf den eigenen Berufsalltag. Dass hier die Zusammenarbeit an erster Stelle steht, ist keine neue Erkenntnis, aber sie verdeutlicht noch einmal, was die Pflegenden neben vielen anderen Themen in besonderer Weise belastet.

An zweiter Stelle stehen in den Ethikdialogen die Bewohner:innen. Hier geht es um das Anliegen, wie man mit anstrengenden Bewohner:innen umgehen soll und die Erfahrung, dass dies nicht immer möglich ist. Dahinter verbergen sich auch Beziehungsprobleme und ein angemessener Umgang damit. Die restlichen Themen, die in den Ethik-Dialogen angesprochen wurden, finden sich auch in der Eingangsbefragung, allerdings in einer etwas anderen Gewichtung.

In der zweiten Phase der Ethik-Dialoge ging es darum, aus den genannten Themen jene auszuwählen, die in Form eines Projekts aufgegriffen werden sollen. Werden die durchgeführten Projekte thematisch geordnet, ergibt sich folgende Zusammenstellung.

Beschäftigung mit Werten (5)

- Werte allgemein: Wartezeit ist Wertezeit
- Ethische Werte im Arbeitsbereich: Erhebung, Ethik-Café, Ethiktag
- ‚Wert-Papier': Plattform für Reflexion von Werten und Wertvorstellungen

- Willkommen in unserer Werte-Welt: Ethik-Cafe, um über Ethik und Werte ins Gespräch zu kommen, Erprobung einer ethischen Fallbesprechung
- Gemeinsame Werte entdecken und leben: Werte erheben und in einem Ethik-Café präsentieren

Zusammenarbeit (3)

- Stabilität und Veränderung: Hospitation in anderen Bereichen
- Wert-volle Zeit: Berufsgruppenübergreifende Begegnungen ermöglichen
- Ein Haus: Teams aufeinander zubewegen: Dialogorientierte Angebote, um Verständnis füreinander zu schaffen

Kommunikation (3)

- Respekt erleben: Beschäftigung mit dem Begriff in dialogorientierten Treffen
- Kommunikation mit Angehörigen: Erhebung und dialogorientierte Angebote
- Wertschätzende Kommunikation: Reflexion und eigene Vergewisserung

Alter (1)

- Alter und Altern erleben: Aktionstag zur Alterssimulation und Selbsterfahrung

Gewalt (1)

- Fürsorge und Selbstsorge angesichts von Gewalterfahrungen: Befragung, Schutzkonzept, Fortbildung, Info und Qualifizierung

Von den 13 durchgeführten Projekten beschäftigen sich fünf mit der Bedeutung von Werten in den Einrichtungen und sechs Projekte mit der Art und Weise des gemeinsamen Arbeitens (Zusammenarbeit, Kommunikation). Nur in zwei Fällen wird ein darüber hinausgehendes Thema (Alter, Gewalt) gewählt.

Warum werden die beiden Themenfelder eindeutig in der Projektarbeit favorisiert? Einrichtungen der Altenhilfe sind Umgebungen fürsorgenden Handelns. Mitarbeiter:innen in Pflege und Betreuung werden in der Interaktion mit den ihrer Fürsorge anvertrauten Menschen von Werten wie Respekt vor der Selbstbestimmung, pflegerischer Zuwendung und vertrauensvoller mitmenschlicher Nähe geleitet. In ihrem tagtäglichen Tun sind sie zugleich den Werten fachlicher Professionalität und organisationaler Effizienz verpflichtet. Die Zusammenarbeit und die Art und Weise, wie Mitarbeiter:innen miteinander umgehen, stehen in diesem Spannungsfeld und werden von höchst unterschiedlichen herausfordernden Situationen begleitet.

Die ethischen Fragen, die sich daraus ergeben, sind zuerst einmal immer ganz persönlich. Im Alltag der Altenhilfe geht es allerdings nicht allein um die eigene Haltung, sondern auch darum, eine gemeinsame Linie zu finden. Insbesondere unter den Vorzeichen knapper zeitlicher und personeller Ressourcen ist es bedeutsam, die persönlichen, fachlichen und institutionellen Wertesysteme immer wieder zu reflektieren und auf den dienstlichen Kontext hin zu konkretisieren. In den gewählten Werteprojekte wird die Einrichtung als Resonanzraum ethischer Orientierung in den Blick genommen.

In den Ethik-Dialogen wurde auch gefragt, welche Formate in der Bearbeitung ethischer Fragen bislang hilfreich waren und welche Formate für die Zukunft gewünscht werden. Der Wunsch nach offenen Gesprächsräumen wurde am häufigsten genannt. Diesen scheinen die Einrichtungen bereits in die Praxis umgesetzt zu haben. Das Format der Ethischen Fallbesprechung hat in den beteiligten Einrichtungen nicht die Bedeutung, die oft und gerne angenommen wird.

2 Erkenntnisse aus dem gesamten Projektverlauf

Welche Rückschlüsse lassen sich, über die dezidierten Ergebnisse aus den Ethik-Dialogen hinaus, aus dem gesamten Projektverlauf ziehen? Die in weiten Teilen prozessoffene Gestaltung des Projektes ermöglichte einen flexiblen Umgang mit den Herausforderungen, die für die Einrichtungen im dynamischen Feld der stationären Altenhilfe bestehen und in den Kleinprojekten Nachklang fanden.

Im Vorfeld der Endphase des ersten Projektdurchgangs stellte sich nach den bis dato gemachten Erfahrungen die Frage, in welcher praxistauglichen Form die einrichtungsspezifischen Kleinprojekte evaluiert werden können. Gesucht wurde für die Teams eine Form der Dokumentation, die sich in die alltagspraktischen Abläufe unter Bedingungen von Zeitknappheit und personellen Unwägbarkeiten fügt. Eine eigene Interviewphase für die Schlussauswertung wurde vom Projektteam zwar zunächst als ergiebigste Form, auf Basis der bisherigen Erfahrungen jedoch als wenig praktikabel eingeschätzt.

Schließlich wurde auf eine Form der Evaluation zurückgegriffen, die durch die Vernetzungsveranstaltungen und die hier als produktiv erlebte Visualisierungsarbeit an Plakaten erprobt wurde. Bei den Vernetzungsveranstaltungen wurde eine Abwandlung des Tools ‚Crea-Space‘[3] für eine vernetzende Interaktion gewählt. Für die Gesamtauswertung erhielt nun jede Einrichtung zur Evaluation eine eigens kreierte Plakatvorlage, die intern ausgefüllt und digital, z. B. als Foto per Mail, übermittelt werden konnte.

Die Evaluation diente nicht nur dem Erkenntnisgewinn im Hinblick auf die ethische Auseinandersetzung der beteiligten Altenhilfeeinrichtungen, sondern auch der Vergewisserung für die Projektleitung in Fragen eines adaptiven Projektmanagements, um die Begleitung des anstehenden zweiten Durchgangs mit weiteren Einrichtungen zu optimieren. Das Evaluationsplakat enthielt folgende Fragen, die von der wissenschaftlichen Begleitung entwickelt wurden:

- Projektphasen: Was sollte man beibehalten? Was sollte man verändern?
- Ergebnisse/Wirkung: Was haben wir erreicht? Was haben wir nicht erreicht? Was sollten wir noch tun? Was aus dem Projekt hilft uns im Alltag?
- Nächste Schritte: Wie sollte unser Projekt/Prozess weitergehen?

---

3 El Hachimi et. al. 2009.

- Unterstützungsbedarf: Welche Unterstützung wünschen wir uns?

Die Rückmeldungen der Einrichtungen zu diesen Fragen auf den Auswertungsplakaten lassen sich zu fünf Aspekten bündeln:

2.1 Wunsch nach kollegialer Vernetzung

Einrichtungen der stationären Altenhilfe haben enormen Bedarf an Vernetzungsangeboten für kollegialen Erfahrungsaustausch. Dieser besteht sicher grundsätzlich und nicht nur in Fragen der Ethik, er findet jedoch in ethischen Fragen der Werteorientierung eine durchaus fundamentale und persönliche Komponente mit niederschwelligem Zugang. Die Rückmeldungen der Einrichtungen zu den wichtigen Elementen im Projekt sind diesbezüglich eindeutig: Unter den Stichworten z. B. *„Kleingruppenaustausch"*, *„Einblick in die anderen Einrichtungen"*, *„Austausch mit den Kolleg:innen der anderen Einrichtungen sehr dienlich"*, *„Den Austausch mit Kolleg:innen und Kollegen der anderen Einrichtungen während der Projektphasen"* werden eine hohe Wertschätzung und zugleich ein hoher Bedarf markiert.

Im Vorfeld des Projekts wurde ein hoher Bedarf an Begleitung angenommen. Anhand der Rückmeldungen der Teilnehmer:innen bei den Netzwerktreffen sowie in der Gesamtevaluation wird deutlich, dass dieser Bedarf noch höher liegt als angenommen. Die Netzwerktreffen mit ihrem Erfahrungsaustausch zwischen den Einrichtungen der stationären Altenhilfe wurden überdies teilweise als *„stärkende Auszeit"* und gar *„besinnlich"* empfunden. In diesem Zusammenhang ist wichtig hervorzuheben, dass die Projekteinrichtungen in der Vernetzung bewusst nicht nur die persönliche Bereicherung hervorhoben, sondern einen erheblichen Beitrag zur Verbesserung der Pflegequalität (*„Auch die Bewohner profitieren"*). Und dies wurde, so die Rückmeldung, auch und gerade durch ethischen Dialog gewährleistet. Das Netzwerken wurde hier als wertvoll und inspirierend erlebt, insbesondere mit Blick auf Ideengewinnung für die ethischen Kleinprojekte.

2.2 Gelingensbedingungen wertebezogener, ethischer Kommunikation

Wertebezogene Kommunikation ist nach wie vor kein strukturell gesichertes Element und somit keine Selbstverständlichkeit im Alltag der Einrichtungen stationärer Altenhilfe. Zugleich ist sie eine Chance für ethischen Dialog, der von den Einrichtungen also als Bestandteil zur Sicherstellung einer qualitativ hochwertigen Pflege erachtet wird. Eine offene und transparente Kommunikation über ethische Fragen, so eine Schlussfolgerung aus den Rückmeldungen der Einrichtungen, stärkt offenbar auch das Vertrauen und die Zusammenarbeit im Team. Für eine organisationale Breitenwirkung formulieren die Einrichtungen entsprechend das Desiderat, mehr Personen an dem Dialog zu beteiligen: „*Alle Mitarbeiter, unabhängig von ihrer Position, sollten in den ethischen Austausch einbezogen werden.*"

Die Teilnehmer:innen empfinden durch das Projekt durchweg eine Stärkung der Sprachfähigkeit und Aktivierung in wertebezogenen Fragen. Werte bilden einen niederschwelligen Zugang für den Dialog („*Werte-Themen wurden in die Mitarbeiterschaft getragen zum Mitmachen*"). Gleichwohl bieten sie, das darf keineswegs übersehen werden, keine Garantie dafür. Während eine Einrichtung resümiert „*Alle Mitarbeiter:innen wurden erreicht*", ist an anderer Stelle zu lesen: „*Wir empfanden es als schwierig, die Mitarbeiter/-:innen zu überzeugen, dass es sich lohnt über das Thema ‚Werte', welche Werte haben wir und welche Werte sind uns wichtig, in die Diskussion zu kommen. Wir haben es nicht geschafft in den tieferen Austausch zu kommen, merken aber deutlich, dass es momentan sehr wichtig wäre, Eckpfeiler als Orientierung einzusetzen um Mitarbeiter/-innen bei ihrer Arbeit Halt und Unterstützung zu geben.*"

Als ein struktureller Gewinn im Projekt erwies sich das Instrument der „Ethik-Dialoge" (vgl. Teil IV, 1), die einen moderierten Zugang zur wertebezogenen Dimension in den Einrichtungen vor Ort schufen und die Identifizierung von Wertekonflikten ermöglichten, dies in zeitlich sehr konzentrierter Form. Die Ethik-Dialoge erwiesen sich als dienlich für die Teams, die noch keine dezidiert ethische Auseinandersetzung kannten, wie auch jene, bei denen der ethische Diskurs bereits strukturell verankert ist. Einige Einrichtungen brachten bereits Vorerfahrungen mit. In einer Einrichtungen war bereits eine ‚AG Ethik' installiert, die auf Erfahrungen aufsetzen konnte und die Arbeit eher differenziert anging. Die Ethik-Dialoge wurden von den Teilnehmer:innen in den Einrichtungen als umsetzungsdienlich bewertet, zudem wurde die abwechslungsreiche und „*spannend*" gestaltete Form „*in guter Atmosphäre*" hervorgehoben. In einer Einrichtung wurde der Ethik-Dialog gar als eine Art „*Erweckungserlebnis*" und „*erfrischend und motivierend*" erlebt mit hoher Ermutigung. Die strategische Verortung dieser Inhouse-Dialoge zu Beginn des Projektes erwies sich hier als außerordentlich produktiv.

2.3 Bedeutung der Projektbegleitung

Eine wesentliche Gelingensbedingung für den ethischen Dialog war die vertrauensvolle Begleitung durch den Projektreferenten. Auch hier sind die Rückmeldungen deutlich. Ein schneller Vertrauensaufbau war im Projekt erforderlich, da im Vorfeld keine intensivere Kennenlernphase ermöglicht werden konnte. Ein wesentliches Ziel war eine gute Erfahrung im ethischen Kontext zu Beginn des Prozesses. Somit erwiesen sich die Kompetenzen des Projektreferenten und seine Bezüge und Kenntnis der Kultur der Pflege als überaus wirkungsvoll. Die enge externe Projektbegleitung vor Ort wurde durchweg als Gewinn gedeutet: *„Man hatte im Projekt immer das Gefühl, gut begleitet zu sein.“* Dies nicht nur hinsichtlich wesentlicher Fragen zur Durchführung des einrichtungsspezifischen Projektes, etwa das *„gemeinsame Suchen nach einem ‚Anpack', nach einem fürs Haus relevanten Thema“*. Auch die Qualität der persönlichen Interaktion spielte eine wesentliche Rolle für den Wertediskurs (*„einfühlsam, empathisch und konstruktiv“*).

Die pandemiebedingt geringfügig heruntergefahrene Projektbegleitung der Einrichtungen im ersten Projektdurchgang hat also nicht von ungefähr den Wunsch der Einrichtungen nach einer stärkeren Unterstützung hervorgebracht (*„Intensivierung der Teambegleitung wünschenswert“*). Die Ausweitung der Projektbegleitung in den Einrichtungen im zweiten Projektdurchgang schaffte mehr Sicherheit. Ein Beispiel bildet die Auseinandersetzung mit *„heiklen Themen“*, wie beispielsweise die Frage des Umgangs mit Suizidassistenz in katholischen Organisationen, was von einer Einrichtung als Themenwunsch zur Auseinandersetzung über das Projekt hinaus formuliert wurde.

Die Projektbegleitung hatte also fundamentale Bedeutung. Es ging um das Inganghalten des Prozesses, um das Entwickeln von Projektzielen, um fachliche Begleitung. Zugleich ging es um eine persönliche und vertrauensvolle Verbindung auf Augenhöhe, ohne die eine dezidierte Auseinandersetzung eher erschwert bzw. verunmöglicht ist.

2.4 Wirkungsvielfalt und Verstetigungsanliegen

Die Evaluationsplakate geben den Blick auf eine Vielzahl positiver Effekte des Projektes frei. Besonders hervorzuheben sind folgende Aspekte: Erstens die *Stärkung mit dem konkreten Thema* des einrichtungsinternen Projektes. Alle Einrichtungen gewinnen an Souveränität im Umgang mit dem eigenen Thema, von Respekt über ethische Fallbesprechungen bis hin zu den ‚Werte-Papieren'. Zweitens wird die *ethische Sensibilisierung* (5 Einrichtungen), drittens die *Team-Stärkung* genannt (3 Einrichtungen).

Weitere Effekte werden u. a. in der *„Erweiterung des methodischen Werkzeugkastens"* gesehen, in der *Personalentwicklung* (wertebezogener Dialog mit Relevanz in Onboarding-Prozessen einer Einrichtung) sowie in der Stärkung *„gelebter Palliativkultur"* durch regelmäßigere Treffen des entsprechenden Qualitätszirkels. Schließlich wird von einer Einrichtung die *„Schaffung eines nachhaltigen Formats, das für ‚alle' zugänglich und ‚leicht' zu verstehen ist"* als Gewinn verbucht.

Die Mehrheit der Einrichtungen äußerte das Anliegen, so ist nahezu allen Evaluationsplakaten zu entnehmen, die Verstetigung der wertbezogenen Arbeit, ein *„am Ball bleiben"*. Ein Auffrischen der Inhalte durch mitarbeiterdienliche Formate und Entwicklung von Ritualen für werteorientierende Auseinandersetzung werden angestrebt. Neben konkreten Vorhaben äußert die Hälfte der Einrichtungen zugleich keine konkreten Vorhaben für Folgeschritte. Es bleibt hier bei einer *„Hoffnung"*, wenngleich authentisch geäußert. Dies macht deutlich, dass dem hohen Gewinn der ethischen Auseinandersetzung eine Reihe struktureller Barrieren im Feld der stationären Altenhilfe gegenüberstehen.

2.5 Strukturelle Hürden für ethische Auseinandersetzung

Im Projektverlauf schlagen schließlich jene Hürden zu Buche, die bereits im Vorfeld des Projektes bekannt waren: die personellen und zeitlichen Engpässe in den Einrichtungen der stationären Altenhilfe verbunden mit Fluktuationseffekten. Eine Einrichtung beschreibt den geradezu symptomatischen Sachverhalt, dass zum Ende des einrichtungsinternen Kleinprojektes das Projektteam schlicht nicht mehr in der Einrichtung war, wohlgemerkt während eines Zeitraums von nicht einmal einem Jahr. Die anfangs noch als ‚Erlebnisträger:innen' wirkenden Beteiligten fallen als Impulsgeber:innen der wertebezogenen Auseinandersetzung damit komplett aus und die Verstetigung der ethischen Auseinandersetzung ist unwahrscheinlich. Auch die Installation einer neuen Einrichtungsleitung, die für die Durchführung des einrichtungsspezifischen Projektes Hauptentscheidungsträger ist, stellt eine Anforderung an das interne Ethikprojekt dar. In einer Einrichtung hat sich aufgrund personeller und zeitlicher Engpässe die Projektgruppe aufgelöst, sodass das Projekt gar nicht zu Ende geführt werden konnte und abgebrochen wurde.

Überdies wird grundsätzlich eine breitere Besetzung der Projektteams als Anliegen geäußert, um die Projektarbeit erfolgreicher zu gestalten. Bei Ausfällen von Personal muss einfach, so folgert eine Einrichtung, eine kontinuierliche Anzahl von Mitarbeiter:innen am Projekt mitwirken, sonst „*wird es schwer*". In der Planungsphase, so beschreibt eine Projektverantwortliche, habe sie sich schlicht intern „*allein gefühlt*". Eine flexiblere Arbeitszeitgestaltung wird ebenfalls als Gelingensbedingung geäußert, die allerdings kaum zu realisieren ist.

Mehr Kommunikationsanlässe wie Fallgespräche und Teamaustausch werden als dienliche Elemente bewertet. Insgesamt hat es einem Projektteam an „*Entspanntsein*" gefehlt. Eine Einrichtung beschreibt es so: „*Wir haben es nicht geschafft, in den tieferen Austausch zu kommen, merken aber deutlich, dass es momentan sehr wichtig wäre, Eckpfeiler als Orientierung einzusetzen um Mitarbeiter*innen bei ihrer Arbeit Halt und Unterstützung zu geben.*"

Als ‚zeitgeschichtlicher' und massiv wirkender Faktor in diesem Zusammenhang muss schließlich die Covid-19-Pandemie angesehen werden. Eine Einrichtung hat die Erfahrung gemacht, dass aufgrund von mehreren Corona-Ausbrüchen und einer Vielzahl von Ausfällen der begleitenden Mitarbeiter:innen das Projekt zum Erliegen gekommen ist. In einzelnen Phasen mussten auch Termine mit der Projektbegleitung abgesagt werden, da kein Zutritt zur Einrichtung möglich war. Dies hat den Projektverlauf in der Einrichtung nachhaltig beeinträchtigt. Negativ ausgewirkt haben sich hier die allgemeine „*Anspannung*" bzw. die „*Stresssituationen*". Hier konnten kaum verbindlichere Absprachen getroffen bzw. verfolgt werden. Die Verbindlichkeit im Miteinander, die von Einrichtungen als zentraler Faktor für die Fortentwicklung ethischer Kultur erachtet werden, war somit empfindlich gestört.

3 Deutungen und Perspektiven

In den folgenden Abschnitten sind die wichtigsten Rückschlüsse aus dem Projekt ‚Werte pflegen' prägnant zusammenfasst. Ihrer Darlegung folgt ein Ausblick für die Zukunft.

3.1 Altenhilfe braucht Dialogräume zur Reflexion der wertegeleiteten Arbeit

Pflege als solche ist Ausdruck einer Wertehaltung bzw. einer wertebasierten Grundüberzeugung: Menschen als vulnerable Wesen sind es ‚wert', in Situationen des Angewiesenseins nicht ihrem Schicksal überlassen zu werden, sondern Heilung zu erfahren, zumindest Hilfe zu erlangen, die ihre Lebensqualität verbessern. In Situationen des Angewiesenseins auf Hilfe ist Pflege also auch eine ‚würdesichernde' Kulturpraxis. Es ist diese Facette von Pflege, die dieser grundsätzlich zugleich ein hohes Potenzial an Sinnhaftigkeit und Erfüllung verleiht. Doch es braucht für die Pflegenden zum einen das subjektive Erleben dieser Wertedimension und idealerweise die (kollektive) Vergewisserung, um dieses Potenzial gut zu nutzen.

Ein wichtiger Schlüssel zur Vergewisserung der Wertedimension des pflegerischen Handelns liegt für das Projekt ‚Werte pflegen' in der Kommunikation. Das Instrument des Ethik-Dialogs zielt nicht nur auf ein Instrument zur Sicherung qualitativer Erkenntnisse. Es zielt zugleich auf die Sensibilisierung von Wertebewusstsein als ethisches Sensorium. Neben dem Ethik-Dialog wurde in vielfältigen Kontexten des Projektes auf Dialoganteile gesetzt: Neben der präsenten Projektbegleitung, digitalen Meetings und Korrespondenzen standen vor allem die Vernetzungstreffen in dieser Linie. Hier scheint ein großer Bedarf im Feld der stationären Altenhilfe zu liegen. Das Einräumen von Dialoganteilen führte u.a. zum Feedback, dass diese Vernetzungstreffen als ‚Auszeit' gesehen wurden. Darin artikuliert sich das Erleben eines für den Wertedialog dienlichen Kommunikationsrahmens, zugleich ist für die Praxis eine Herausforderung benannt: Wie gelingt es, Anlässe für wertebezogenen Dialog in den Alltagskontexten der stationären Altenhilfe zu verankern? Die Kunst wird es sein, jene ‚qualitative' Kommunikation, die im Projekt ermöglicht und erprobt wurde, als strukturelles Element der Handlungs- und Entscheidungsreflexion im Einrichtungsalltag der stationären Altenhilfe zu stärken.

3.2 Werte sind ein dienliches Vehikel für den ‚ethischen' Dialog

Es gehört fast zum tagtäglichen Erleben von Ethikberater:innen, die sich in der Praxis von Einrichtungen des Gesundheitswesens bewegen, dass es, wenn der Begriff ‚Ethik' zur Sprache kommt, ‚fremdelt'. Der Begriff hat in seiner Wirkung nicht selten einen akademischen, anspruchsvollen und zum Teil praxisdistanzierten Einschlag. Diese Eindrücke sind nicht nur subjektiv, sondern haben teilweise mit einem Grundzug ethischer Reflexion zu tun – als Disziplin zur Reflexion moralischer Praxis ist etwa Distanz zu dieser Praxis eben ein notwendiges Merkmal der Reflexion. Über die Begründetheit der Zuschreibungen muss hier nicht weiter nachgedacht werden. Letztlich dürfte entscheidend sein, dass die Menschen, offensichtlich auch und gerade im Feld der stationären Altenhilfe, einen Zugang zum Phänomenbereich moralischer Interkation weniger über den Begriff ‚Ethik' als über den Begriff ‚Werte' gewinnen.

Werte lassen sich alltagsrelevant definieren als ‚Vorstellungen über das Förderungswürdige'. Als persönlich verinnerlichte können diese Vorstellungen hohe Bindungskraft haben – zumindest sind sie entscheidungs- und handlungsrelevant und bieten Orientierung. Es spricht vieles dafür, im Rahmen von Ethikprojekten diesen Werte-Zugang zu stärken, zumal er aus ethischer Sicht mitnichten ins Leere führt, sondern geradezu in die Ethik hinein, in der Wertebegriff ja eine nicht unerhebliche Rolle spielt.

Für das Projekt ‚Werte pflegen' ist dieser Zugang entscheidend. Die anfängliche Suche nach einem geeigneten Titel für das Projekt wurde bewusst nicht ‚übers Knie gebrochen'. Zu Beginn hieß das Projekt „Ethik in der stationären Altenhilfe". Bei den Projektverantwortlichen verdichtete sich, insbesondere im Diskurs mit Verantwortlichen aus dem Bereich der Altenhilfe im Diözesancaritasverband, zunehmend der Eindruck, dass die Mitarbeiter:innen in den Einrichtungen von der Annahme ausgehen, dass ihre scheinbar banalen und alltäglichen Probleme nichts mit der komplexen und anspruchsvollen Ethik zu tun haben, und ihre Probleme keine ethische Relevanz hätten. Es muss hier deutlich angemerkt werden, dass ein solcher Eindruck lediglich dann aufkommen kann, wenn ein einseitig überhöhtes, akademisches Ethikverständnis zugrundegelegt wird. Bei einer Weitung des ethischen Verständnisses sieht dies vollkommen anders aus.

Aufgrund dieser Erwägungen und Beobachtungen haben wir uns dazu entschieden, eine andere und hoffentlich ansprechendere Bezeichnung für das Projekt zu finden. Wir nannten das Projekt in einem zweiten Schritt „Wo drückt der ethische Schuh?“. Diese Bezeichnung sollte signalisieren, dass die Ethik etwas mit den alltäglichen Erfahrungen und Herausforderungen in ihrer Einrichtung zu tun hat. Schließlich haben wir uns dazu entschieden, auf das Wort ‚Ethik‘ zu verzichten und dem Projekt den Namen „Werte pflegen. Ethische Praxis in der Altenhilfe“ zu geben.

Mit dieser Ausrichtung schien ein niederschwelliger und passender Zugang für die Einrichtungen möglich zu sein. Das Interesse an diesem Projekt sowie die Erfahrungen während des Projektverlaufs scheinen diese Überlegungen zu bestätigen. An verschiedenen Stellen waren in den Begegnungsveranstaltungen des Projektes Vorbehalte gegen die Wirksamkeit ‚ethischer‘ Formate nicht zu überhören. Der Wertebegriff war demgegenüber nahezu nicht erläuterungsbedürftig und hat einen niederschwelligen und engagierten ethischen Dialog ermöglicht.

Bemerkenswert deutlich wurde die persönliche Bindungskraft von Werten bei einem Vernetzungstreffen, bei dem die Projektmitarbeiter:innen gezielt einen Wertediskurs führten und bei einer anschließenden Videoaktion eingeladen waren, Werte, die sie in ihrem Praxisalltag der stationären Altenhilfe für relevant halten, in die Kamera zu sprechen. Erkennbar war eine persönlich hohe Identifikation mit den genannten Werten ‚Menschlichkeit‘, ‚Mitgefühl‘, ‚Miteinander‘, ‚Selbstbestimmung‘, ‚Mut‘, ‚Lebensfreude‘, ‚Nähe‘, ‚Fachlichkeit‘, ‚Zusammenhalt‘ und ‚Zeit‘.[4] Auch wenn diese Werte auf ihre Repräsentativität für das Feld der Altenpflege noch zu prüfen wären, lässt sich festhalten, dass unter bestimmten Voraussetzungen eine enge Verbindung zwischen den persönlichen Orientierungsmaßstäben und dem professionellen sozialen Handeln in der Altenhilfe möglich und für die Pflege dienlich ist.

3.3 Ethik in der Altenhilfe: Von klassischem Themenkatalog bis zu Fragen der Unternehmenskultur

Die Themenliste ethisch relevanter Anliegen ist in den Einrichtungen der Altenhilfe lang. Dies haben die Vorbefragung zum Projekt Werte pflegen (vgl. Teil I, 1.1) sowie die Ethik-Dialoge gezeigt (vgl. Teil IV, 1.). Dieser

4 Caritas für das Bistum Münster (2022), ab Minute 1:00.

Themenkatalog deckt sich mit den Erkenntnissen wissenschaftlicher Publikationen (vgl. Teil I, 1.1). Eine wichtige Erkenntnis des Projekts ist, dass diese klassischen und somit erwartbaren Themen im Vorfeld des Projekts und in Ethikdialogen benannt wurden. Allerdings sind bei der weiteren Priorisierung jener Themen, die im Rahmen des Projekts bearbeitet werden sollten, die meisten der klassischen Handlungsfelder nicht zum Zug gekommen. Das hätten beispielsweise Themen im Zusammenhang mit der Versorgung der Bewohner:innen, der Umgang mit Angehörigen oder das gesamte Bereich von Tod und Sterben sein können. Die Beteiligten haben sich für andere Anliegen entschieden. Und zwar für Themen, die sich auf die Unternehmenskultur beziehen: Welchen Stellenwert haben Werte in den Einrichtungen und wie prägen diese den Umgang untereinander?

Bei der Unternehmenskultur geht es um die grundlegenden Normen und Werte, welche das Zusammenleben und das gemeinsame Arbeiten in einer Einrichtung prägen. Es geht um jene Regeln, welche die Zusammenarbeit bestimmen. Es geht um jene Werte, welche die Kultur der Einrichtung prägen. Es geht um Haltungen, Grundannahmen, Überzeugungen, Verhaltens- und Kommunikationsgewohnheiten, um Formen der Konfliktbearbeitung und Wertschätzung.

Eine Organisationskultur wird bewusst oder unbewusst gelebt. Sie existiert und sie prägt das gemeinsame Arbeiten in einer Einrichtung. Sie zeigt sich in den alltäglich eingespielten Praktiken (‚so wird das hier gemacht‘).[5] Es ist nicht verwunderlich, dass die Mitarbeiter:innen die Gestaltung der Unternehmenskultur ausgewählt haben. Sie ist von hoher Bedeutung, schließlich ist sie das Fundament, auf dem ihre Arbeit ruht. Mit ihr nehmen sie das Ganze in den Blick, das den Rahmen für Einzelheiten bestimmt.

5 Eine Unternehmenskultur bildet die Grundlage für das Verhalten, die Entscheidungen und die Handlungen in einer Organisation. Sie entwickelt sich aus der Gesamtheit der Werte, Normen und Einstellungen, die in der Organisation vorherrschen. Sie hat Einfluss darauf, wie Führungskräfte kommunizieren und sich verhalten, in welcher Weise sich Mitarbeiter:innen mit der Organisation identifizieren und engagieren, wie mit den anvertrauten Menschen umgegangen wird und welche Ziele eine Organisation verfolgt. Sie prägt also das Verhalten aller Akteur:innen in einer Organisation. Es gibt unterschiedliche Ansätze, um die Kultur eines Unternehmens in Dimensionen einzuteilen. Das Modell von Edgar Schein wird häufig genutzt, um die Kultur einer Organisation zu analysieren und zu verstehen, insbesondere die unsichtbaren und unbewussten Aspekte, die das Verhalten und die Entscheidungen in einer Organisation maßgeblich beeinflussen. Schein unterscheidet drei Ebenen: *Erstens* ‚Artefakte und Schöpfungen‘: Diese ist die sichtbare und oberflächliche Ebene der Organisationskultur. Hier finden sich alle sichtbaren, hörbaren und spürbaren Elemente einer Organisation, wie beispielsweise die Architektur der Räume, die Kleidung der Mitarbeiter:innen, Unternehmensrituale und -zeremonien sowie offiziell festgelegte Verhaltensstandards und Prozesse. Diese Artefakte sind leicht zu erkennen; *zweitens* ‚Bekanntgegebene Werte‘: Auf dieser Ebene finden sich die ausdrücklichen Strategien, Ziele und Grundlagen einer Organisation. Dazu gehören die offiziell kommunizierten Werte und Verhaltensnormen, die oft in Form von Unternehmensrichtlinien, Leitbildern oder in Mitarbeiterhandbüchern festgehalten werden; *drittens* ‚Grundannahmen‘: Dies ist die tiefste und meist unsichtbare Ebene der Organisationskultur. Hier finden sich die unbewussten, selbstverständlichen Annahmen und Wahrnehmungen, die Mitglieder einer Organisation teilen. Diese Grundannahmen bilden den eigentlichen Kern der Unternehmenskultur und beeinflussen maßgeblich, wie Mitglieder einer Organisation denken, fühlen und sich verhalten. Sie sind historisch gewachsen und daher schwer zu verändern. Vgl. dazu Schein 2018.

Gerade der Umgang miteinander und der Umgang mit den Bewohner:innen ist den Mitarbeiter:innen in diakonischen Einrichtungen laut einer Untersuchung von Beate Hoffmann besonders wichtig. Daran machen die Mitarbeiter:innen die Glaubwürdigkeit einer christlichen Einrichtung fest.[6] Wenn die grundlegenden Verhaltensregeln im Miteinander nicht stimmen, braucht ein Träger mit weiteren Werten und ethischen Ansprüchen gar nicht zu kommen. Das Grundlegende prägt das Besondere.

Der klassische Themenkatalog ethischer Herausforderungen in der Altenhilfe behält zwar seine Relevanz, aber ohne einen entsprechenden Werterahmen im Umgang miteinander haben weitere ethische Anliegen einen schweren Stand. Der unternehmenskulturelle Rahmen ist der Nährboden für weitere ethische Themen. Es ist immer wieder erstaunlich, was eine gute Unternehmenskultur an Engagement und Freude bei den Mitarbeiter:innen ermöglicht oder wie eine unzufriedenstellende Kultur dies verhindert. Den Mitarbeiter:innen scheint dieser Zusammenhang sehr klar zu sein, weil sie jeden Tag damit zu tun haben.

Weil die Beschäftigung mit ethisch relevanten Anliegen oft zur Betrachtung der Unternehmenskultur führt, lohnt es sich auf ganz grundsätzliche Weise, auch für die ethische Auseinandersetzung die Relevanz von Unternehmenskultur zu bedenken. Dies könnte eine Perspektive für weitere Forschungsansätze und Praxisprojekte sein.

3.4 Wertegeleitete Kommunikation und Interaktion legen Sinn- und Kreativitätsressourcen frei

Eine Unternehmenskultur, die wertegebundene Kommunikation und Interaktion ermöglicht, bietet in besonderer Weise Anlässe für Sinnerleben. Eine weitere Erfahrung im Projekt ‚Werte pflegen' ist es, dass hierfür ermöglichte Räume zugleich Räume für die Entfaltung von Kreativität sind. Offenkundig handelt es sich um ein Arbeitsfeld, das in seiner sozialen, bis in die Intimsphäre der betreuten und gepflegten Menschen hineinreichenden Arbeit hohe zwischenmenschliche Verpflichtungsgrade aufweist. Dies ist sicherlich ein Grund dafür, dass knappe Zeit- und Personalressourcen im Alltagsgeschehen nicht einfach in Kauf genommen werden, sondern oftmals

6 Hofmann 2020, 16.

durch Engagement, hohen Pragmatismus und viel Improvisationsfähigkeit kompensiert werden. Hier findet, so eine Schlussfolgerung, Kreativität als Problemlösungskompetenz und Kompetenz zur Ideenentwicklung statt.

Diese Grundannahmen haben dazu geführt, die vermuteten Kompetenzen im Projektkontext gezielt zu nutzen. Ein zentrales Instrument bei den Vernetzungstreffen war die Anwendung der abgewandelten Methode des ‚Crea-Space', die als fallbezogen-kollegiale Ideenentwicklung bzw. als kreatives ‚Geben und Nehmen' umfunktioniert wurde. Die Ergebnisse aus jedem einrichtungsspezifischen Ethik-Dialog wurden auf Plakaten in einem großen Tagungsraum allen Beteiligten zugänglich gemacht. Die Teilnehmer:innen ‚wanderten' von Plakat zu Plakat und konnten frei kommentieren mit Ideen und Fragen. So wurde kollektives Wissen gesichert und fand Eingang in die folgenden Einzelprojekte. Das Kreativpotenzial konnte im Projekt nur angedeutet werden. Es wäre lohnenswert, die Förderung zu intensivieren, nicht zuletzt, weil sie wiederum neues Werteerleben ermöglicht.

3.5 Die Pandemie-Situation sorgt für ethische Sensibilität

Die Idee zu ‚Werte pflegen' stammt aus der Zeit *vor* der Corona-Pandemie und wird als praxisnahes, wissenschaftlich begleitetes Projekt zur Stärkung der ethischen und wertebezogenen Dimension des beruflichen Alltags in der stationären Altenhilfe geplant. Das traumatische Ereignis der Pandemie ist also weder Anlass noch genuines Thema des ursprünglichen Vorhabens. Auch angesichts von Corona entschließen sich Steuerungsgruppe und Projektteam nach gründlichen Abwägungen, dass es keinen Turn hin zu einem Projekt zu einer ‚Ethik in der Pandemie' geben und das Geschehen nicht eigens in den Vordergrund gestellt werden solle. Gleichwohl können und sollen die Belastungen für die Einrichtungen der Altenhilfe nicht komplett ausgeblendet werden.

Corona bildet bis heute ein Brennglas der existenziellen Dimension der Arbeit in sämtlichen Einrichtungen der Gesundheitshilfe. Schwere Verläufe, hohe Sterblichkeit, Besuchs- und Betretungsverbote, akute Personalnot und mangelhaftes Krisenmanagement der zuständigen staatlichen Stellen prägen die Situation vor Ort. Drehtür-Effekte zwischen verschiedenen Versorgungsformen wie Altenheim und Krankenhaus, der gesellschaftliche Vorwurf einer als solche bezeichneten ‚Stillen Triage' an älteren und alten Menschen oder die Debatte um ein Menschenrecht auf Berührung und Besuch wiegen schwer und verweisen auf zutiefst verletzliche und zerbrechliche Aspekte menschlichen Zusammenlebens auf allen Seiten. Die Medizin kommt zu der Einschätzung, dass es bei hoher Gesamtinzidenz kaum irgendwo gelungen sei, die Pflegeheime zu schützen. Im nicht-kurativen Setting der Altenhilfe bildet der Umgang mit Infektionskrankheiten außerdem keinen Schwerpunkt der Versorgung[7] und die Einrichtungen sind dafür weder ausgestattet noch vorgesehen. Das macht es für die betroffenen und beteiligten Menschen jedoch nicht unbedingt besser oder einfacher.

Diese und viele weitere existenzielle Erfahrungen führen zu individuellen oder kollektiven Deutekategorien und Referenzpunkten des Pandemieerlebens. Dazu gehören etwa der Menschenwürde-Begriff, die besondere Würde des Alters und des Sterbenden, eine grundsätzliche Vulnerabilität und die Liebe als Qualität dienenden Handelns. Sie berühren die Frage nach Selbstkonzept, Berufsverständnis, institutionellen, fachlichen und persönlichen Haltungen und das damit verbundene Ethos. Während der Pandemie entsteht aus dem Projekt „Werte pflegen" gemeinsam mit dem damaligen Referat Altenhilfe im Diözesancaritasverband Münster eine digitale Gesprächsreihe, die sich diesen Fragen zuwendet und ein emotionales Ventil für die besonderen Belastungen bildet.

Die Erkenntnisse und Erfahrungen aus dem Gesamtprojekt zeigen jedoch sehr deutlich, dass die Frage nach dem Umgang mit dem inneren Kompass kein pandemiespezifisches Thema und auch außerhalb dieser Ausnahmesituation Corona ein hohes Maß an ethischer und wertebezogener Sensibilität in der Altenhilfe vorhanden ist sowie als starke dienstliche und persönliche Ressource erlebt wird.

3.6 Ethische Praxis: Lernerfahrungen für stationäre Altenhilfe und Caritas

Das Projekt ‚Werte pflegen' hat von Beginn an weder ein bestimmtes Thema noch ein ethisches Diskurs- oder Projektformat festgelegt. All dies sollten die beteiligten Einrichtungen im Laufe des Projekts selbst entscheiden und dort ihre Energie einsetzen, wo sie es für wichtig und sinnvoll halten. Die Einrichtungen sind ihre eigenen Wege gegangen. Die Projekte, welche die Einrichtungen entwickelt haben, waren praxisnah, teamorientiert und alltagstauglich und orientierten sich an den knappen zeitlichen Möglichkeiten. Neue

7 Vgl. Halek et al. 2020.

oder weiterentwickelte Ansätze wurden erst dadurch zustimmungsfähig, dass sie sich nachweislich als praxisdienlich erwiesen. Angebote waren besonders dann erfolgreich, wenn sie sich passgenau an den strukturellen Rahmenbedingungen orientierten.

Eine partizipative Entwicklung der Maßnahmen gewährleistet ein hohes Maß an Passgenauigkeit, Wirksamkeit und Verstetigung in den betreffenden Einrichtungen. Die natürliche Nähe ethischer und wertebezogener Fragen zu Strukturebene und Dienstkultur einer Einrichtung ermöglicht Rückschlüsse für die Unternehmensentwicklung insgesamt. Im Projekt ‚Werte pflegen' ist aufgefallen, dass die beteiligten Akteure kaum auf oder nur indirekt auf etablierte Diskursformate zurückgegriffen haben. Bestehende Diskursformate wie ethische Fallbesprechungen verlieren zwar nicht ihre Bedeutung, bei den beteiligten Einrichtungen allerdings schienen sie nicht zur Lösung jener ethischen Herausforderung beizutragen, welche die Einrichtungen selbst sehen. Für eine Ethik der Altenhilfe bedeutet dies, den Rahmen für ethische Praxis neu zu justieren und das Spektrum an ethischen Formaten zu erweitern.

Die Stärkung des ethischen Bewusstseins in den Einrichtungen der stationären Altenhilfe durch Fortentwicklung entsprechender Formate ist die eine Seite. Auf der anderen Seite bleibt nicht die Frage nach grundlegenden Rahmenbedingungen im Bereich der stationären Altenhilfe aus. Es mangelt bei den wirkenden Akteur:innen in diesem Bereich offensichtlich nicht an einem ethisch-moralischen Sensorium, an Kommunikationsfähigkeit und kreativem Potenzial. So erfreulich die Erfahrungen im Projektverlauf waren, darf die zeitliche Beschränkung nicht verschwiegen werden. Fast alle Projekte konnten nur deshalb durchgeführt werden, weil sich einzelne Personen in einem besonderen Maß engagiert haben. Während der Arbeit an den Projekten kam es aus unterschiedlichen Gründen immer wieder zu Verzögerungen: Krankenstand, zeitliche Überlastung, Personalknappheit oder andere drängende Probleme in der Versorgung der anvertrauten Menschen.

Der Zeitmangel war ein mitlaufendes Problem. Die Zeitnot ist längst Alltag in der stationären Altenhilfe. Es ist für die Einrichtungen anspruchsvoll, sich Freiräume für die Bearbeitung ethisch relevanter Themen zu schaffen. Es ist nicht unmöglich, aber die Rahmenbedingungen machen es den Einrichtungen nicht einfach. Die Erfahrung, unter welchen Umständen dennoch an den Themen gearbeitet wurde, kann nicht ausreichend gewürdigt werden.

Hier schließen Lernerfahrungen an, die für die verbandliche Caritas als politische Interessensvertreterin und gleichsam einrichtungsberatende Akteurin bedeutsam sind. Wir erleben Zeiten, in denen die sozialstaatliche Fürsorge und damit Rahmenbedingungen für das Handlungsfeld stationärer Altenhilfe immer häufiger an Grenzen stößt. Das Werben der Caritas für die Anliegen der Altenhilfe im Rahmen der politischen Interessenvertretung wird heute anspruchsvoller und verlangt mehr Anstrengung. Aktuell sind öffentlich lauter werdende Forderungen nach dem Herunterschrauben der Qualitätsstandards im Bereich der Pflege auf das Niveau ‚sauber, satt und trocken' nicht zu überhörende Signale. Für die Caritas bleibt hier das bindende Maß die Menschenwürde. Es gilt das Bewusstsein zu stärken, dass eine ‚gute' Pflege nicht nur fachgerecht, sondern auch ‚würdesichernd' ist. Entsprechend liegt eine Aufgabe darin, Werte-Diskurse im Bereich stationärer Altenhilfe als Teil professioneller Reflexion noch mehr zu stärken.

Eine so verstandene gute Pflege dürfte vor allem innerhalb von Kontexten wahrscheinlich sein, in denen für die professionell Engagierten ein Werteerleben möglich ist. Es gilt für die Caritas, auf die Wertedimension des sozialen Handelns im Feld der stationären Altenhilfe zu verweisen, für sie zu sensibilisieren und für Zugänge zu Erlebensräumen zu werben, sie zugleich zu ermöglichen. Die Stärkung von Werteerleben wird dort möglich, wo es gelingt, Dialogerfahrung als Reflexionserfahrungen in den Alltagskontexten zu verankern. In besonderem Maße dürften hier kollektiv geteilte Erfahrungen durch gemeinsame Reflexion stärkend sein.

Forderungen zur Stärkung dieser Reflexion dürfen nicht zur Floskel werden, die in der Praxis zu Zynismus führen. Ganz praktisch gilt es jene Möglichkeiten in der Praxis zu identifizieren, in denen Werte- bzw. Ethik-Dialoge möglich sind. Die Suchbewegung richtet sich gewiss auf die Einrichtungen vor Ort, auf die Möglichkeiten für Inhouse-Anlässe, zugleich können Anlässe und Formate außerhalb der Einrichtungsgeschehens dienlich sein. Wenn gute Pflege zugleich wertebewusste Pflege ist, die entsprechende Reflexionsräume braucht, so können diese aus Caritassicht von Moderationsangeboten profitieren. Verbandliche Caritas darf die Erfahrungen aus dem Projekt ‚Werte pflegen' also zum Anlass nehmen, die eigene Arbeit auf ihre Wirksamkeit hin immer wieder zu reflektieren.

Nachklang

Wenn nach intensivem und leidenschaftlichem Zusammenwirken und getaner Arbeit am Ende eines Forschungs- und Praxisprojektes bei den Projektbegleiter:innen Dankbarkeit und Inspiration bleiben, entfacht durch die Menschen, die tagtäglich vor Ort ihren ‚wertevollen' Dienst tun, so soll dies am Schluss dieses Bands mit besonderen Worten bedacht werden, und zwar im Blick auf die Werte, um dies es eigentlich die ganze Zeit ging (entstanden im Rahmen der Schlussredaktion, verfasst von Michael Fischer):

Menschlichkeit, die leise spricht,
zartes Licht in dunkler Zeit;
Mitgefühl, das Wasser bricht,
und still die starre Form befreit.

Lebensfreude, bunte Flächen,
die auf Wangen Spuren malt;
Nähe, die kaum auszusprechen,
wie ein Hauch das Herz umstrahlt.

Miteinander – Wind und Welle,
die sich finden, die sich wiegen,
Selbstbestimmung, tiefe Quelle,
in der Mut und Wahrheit liegen.

Und in der Zeiten wirrem Wandelspiel
leiten Werte uns zum Ziel.

Literaturverzeichnis

Anselm, R. (2004): Ethik als theologische Dienstleistung, in: Theologie und Diakonie, 169–176.

Bernard, G. (2022): Clinical ethics in Austria. Current practice, comparison to the North American experience and the future outlook. Master thesis for MCI, Innsbruck.

Bienstein, C. (2020): Geleitwort, in: Monteverde, Settimio (Hg.), Handbuch Pflegeethik. Ethisch denken und handeln in den Praxisfeldern der Pflege. 2. Aufl. Stuttgart: Kohlhammer, 5/6, hier 5.

Bockenheimer-Lucius, G. (2007): Ethikberatung und Ethik-Komitee im Altenpflegeheim (EKA), Herausforderungen und Chancen für eine ethische Entscheidungskultur, in: Ethik Med 19 (4/2007), 320–330.

Bockenheimer-Lucius, G./Filbert, S./Sauer, T./Volberg, C./Wanderer, G./ Wolf-Braun, B. (2022): Ethik-Fallberatung in der stationären Altenhilfe. Eine Querschnittsuntersuchung in Hessen, www.aem-online.de/fileadmin/user_upload/Jahrestagung/Materialien_JT2022/P08_Wolf-Braun_AEM_2022.pdf (Abruf 06.11.2024).

Bockheimer-Lucius, G. (2015): Spezifische Strukturen der Ethikberatung in der stationären Altenpflege, in: Coors, M./Simon, A./Stiemerling, M. (Hg.), Ethikberatung in Pflege und ambulanter Versorgung. Modelle und theoretische Grundlagen. Lage: Verlag Hans Jacobs, 19–32.

Brandenburg, H. (2016): Das Verhältnis von Theorie und Praxis in Pflege und Gerontologie, in: Hoben, M./Bär, M./Wahl, H. W. (Hg.), Implementierungswissenschaften für Pflege und Gerontologie. Grundlagen Forschung und Anwendung – ein Handbuch. Stuttgart: Kohlhammer, 48–59.

Burbach, C./ Heckmann, F. (2008): Motive des Helfens, in: Hoburg, Ralf (Hg.), Theologie der helfenden Berufe. Stuttgart: Kohlhammer, 87–107, hier 105.

Caritas für das Bistum Münster (2022): Ethik in der Alternhilfe – Werte pflegen. Video. YouTube http://bit.ly/3UVatPt (Abruf 15.11.2024).

Caritas für das Bistum Münster (2023): Altern erleben – Werte pflegen. Video. YouTube https://youtu.be/XFJChV11jpU (Abruf 6.2.2025).

DEKV, KKVD (Hg.), Ethik-Komitee im Krankenhaus, Freiburg 1997.

Deutscher Evangelischer Krankenhausverband, Katholischer Krankenhausverband Deutschlands (Hg.) (1997), Ethik-Komitee im Krankenhaus. Stuttgart: Selbstverlag.

Dörries, A. (2011): Ethikberatung in der klinischen Praxis – Bisherige Erfahrungen und zukünftige Herausforderungen, in: Aktuelle Ernährungsmedizin 36 (2/2011), 97–102.

Eicher, S./Moor, C./Riese, F./Martin, M. (2016): Partizipative Altersforschung als Mittel zur Förderung des Implementierungserfolgs, in: Hoben, M./Bär, M./Wahl, H.W. (Hg.), Implementierungswissenschaften für Pflege und Gerontologie. Grundlagen, Forschung und Anwendung – ein Handbuch. Stuttgart: Kohlhammer, 262–271, 265.

El Hachimi, M./von Schlippe, A. (2009): Crea-Space – eine Methode zur Entwicklung kreativen Potenzials in Teams, in: Schmidt-Lellek, C.J./ Schreiögg, A. (Hg.): Praxeologie des Coaching. Wiesbaden: VS Verlag für Sozialwissenschaften, 149–156.

Enderle, G. (1993): Handlungsorientierte Wirtschaftsethik, Grundlagen und Anwendungen. Bern/Stuttgart/Wien: Haupt Verlag.

Ethikforum Bistum Münster (o. J.): https://ethikforum.ms/ (Abruf 02.01.2025).

Ethikforum im Bistum Münster (2022): Der Tod als letzter Ausweg? Selbstbestimmung und Fürsorge am Lebensende; https://ethikforum.ms/lebensende-symposium/ (Abruf 18.03.2025).

Ethikforum im Bistum Münster (2023): Werte pflegen. Ethische Praxis in der Alternhilfe; https://ethikforum.ms/wertepflegen/ (Abruf 12.02.2025).

Fischer, M. (2017): Die Qualität von Entscheidungsprozessen in caritativen Einrichtungen, in: Erkenntnis und Verantwortung. Anthropologische und theologische Bezugspunkte für das Gesundheitswesen, hg. v. Michael Fischer, CMZ, Rheinbach, 195–224, 213.

Fischer, M. (2014): Das konfessionelle Krankenhaus. Begründung und Gestaltung aus theologischer und unternehmerischer Perspektive. 4. Aufl. Münster: Lit Verlag.

Fischer. M. (2016): Managemententscheidungen in Einrichtungen der Caritas und Diakonie, in: Fritz, A. u. a., Entscheidungen im Management christlicher Organisationen. Freiburg i. Br.: Lambertus-Verlag.

Flatscher-Thöni, M. u. a. (2021): A systematic review of ethical and legal issues in elder care, in: Nursing ethics 28 (6/2021), 895–910.

Flatscher-Thöni, M./Holzer, E./Kreyer, C./Pallauf, M. (2022): Covid-19 Schutzmaßnahmen in Alten- und Pflegeheimen: zwischen Autonomie und Fürsorge. Ergebnisse einer Interviewstudie, in: Ethik Med 34 (2/2022), 221–238.

Frankfurter Pflegenetzwerk (2024): siehe: http://frankfurter-ethiknetzwerk.net/ (Abruf 06.11.2024).

Friedmann, R. (2014): Alte Denkmuster infrage stellen. Pflegezeitschrift, Jg. 67, Heft 8 (2014), 498–502, hier 502.

Giese, C./Bergmann, D. (2024): Externe Pflegequalitätsprüfung in den Einrichtungen der stationären Altenhilfe: Ethische Herausforderungen und Klärungsbedarfe im Fokus der Ethikberatung. Ethik Med 36 (3/2024), 369–389.

Hoben, M./Bär, M./Wahl, H.W. (Hg.) (2016): Implementierungswissenschaften für Pflege und Gerontologie. Grundlagen Forschung und Anwendung – ein Handbuch. Stuttgart: Kohlhammer.

Hofmann, B. (Hg.) (2020): Merkmale diakonischer Unternehmenskultur in einer pluralen Gesellschaft, Stuttgart: Kohlhammer, 13–25.

Jäger, F./Dubs, R. (2009): Die Unternehmung in der wirtschaftlichen Umwelt, in: Dubs, R. u. a., Einführung in die Managementlehre. Bern/Stuttgart/Wien: Haupt Verlag, 299–313.

Kohlen, H./Giese C./Riedel, A. (2019): Pflege und Ethik. Aktuelle Herausforderungen, in: Ethik Med 31 (4/2019), 283–288.

Kroll, C. (2021): Mehr Ethik durch multirationales Management. Sozial- und unternehmensethische Potentiale einer neuen ökonomischen Denkschule. Freiburg i. Br.: Lambertus-Verlag.

Papst Franziskus, Apostolisches Schreiben *Evangelii Gaudium* vom 24. November 2013, www.vatican.va/content/francesco/de/apost_exhortations/documents/papa-francesco_esortazione-ap_20131124_evangelii-gaudium.html (Abruf 06.11.2024).

PartNet. Netzwerk partizipative Gesundheitsforschung (o. J.): PartNet Definition, http://partnet-gesundheit.de/ueber-uns/ (Abruf 4.2.2025).

Rüegg-Stürm, J. (2003): Das neue St. Galler Management-Modell Grundkategorien einer integrierten Managementlehre. Der HSG-Ansatz. Bern: Haupt Verlag.

Rüegg-Stürm, J./Grand, S. (2014): Das St. Galler Management-Modell. 4. Generation. Bern: Haupt Verlag.

Sauer, T./Bockenheimer-Lucius, G./May, A. (2012): Ethikberatung in der Altenhilfe. In: Frewer, A./ Bruns, F./May, A., Ethikberatung in der Medizin. Berlin/Heidelberg: Springer.

Sauer, T. (2012): Klinische Ethikberatung in Krankenhaus und Altenpflegeeinrichtung, in: Ludwigsburger Ethische Rundschau 1/2012, 2–5.

Schedler, K./Rüegg-Stürm, J. (2013): Multirationales Management. Der erfolgreiche Umgang mit widersprüchlichen Anforderungen an die Organisation. Bern: Haupt Verlag.

Schein, E. (2018): Organisationskultur und Leadership. 5. Aufl. München: Vahlen.

Schochow, M./Schnell, D./Steger, F. (2019): Implementation of Clinical Ethics Consultation in German Hospitals, in: Sci Eng Ethics 25 (2019), 985–991.

Seidlein, A.-H./Kohlen, H./Riedel, A. (2024): Ethik in der Pflege älterer und hochaltriger Menschen: Bedeutung und Vielfalt der Perspektiven. Ethik Med 36 (3/2024), 213–221.

Seifart, C./Simon, A./Schmidt, K. W. (2020): Entwicklung der ambulanten Ethikberatung. Verstärkte telefonische Beratung und bessere Finanzierung gefordert, Hess. Ärztebl. 31 (3/2020), 174–177.

Statistisches Bundesamt (Destatis), Pflegestatistik 2021, siehe: www.statistischebibliothek.de/mir/servlets/MCRFileNodeServlet/DEHeft_derivate_00075930/5224002219005.xlsx (Abruf 06.11.2024).

Steinkamp, N./Gordijn, B. (2003): Ethik in der Klinik – ein Arbeitsbuch. Zwischen Leitbild und Stationsalltag. Neuwied: Luchterhand.

Steinkamp, N./Gordijn, B. (2005): Ethik in der Klinik und Pflegeeinrichtungen. Ein Arbeitsbuch. Neuwied: Luchterhand.

Thiersch, S./Friedrich, O./Marckmann, G. (2019): Außerklinische Ethikberatung: Eine Evaluation des Angebots in den Landkreisen Traunstein und Berchtesgadener Land mittels Dokumentenanalyse und Befragung von Hausärzten, in: Ethik Med 31 (1/2019), 45–59.

Vorstand der Akademie für Ethik in der Medizin e. V. (2023): Standards für Ethikberatung im Gesundheitswesen, in: Ethik Med 35 (2/2023), 313–324.

Wehkamp K./Wehkamp K, H. (2017): Ethikmanagement im Krankenhaus. Unternehmenskultur als Erfolgsfaktor für das Krankenhaus. Berlin: Medizinische Wissenschaftliche Verlagsgesellschaft, 82–101.

Woellert, K. (2019): Das Klinische Ethikkomitee: Ziele, Strukturen und Aufgaben Klinischer Ethik, in: Bundesgesundheitsblatt – Gesundheitsforschung – Gesundheitsschutz 62 (6/2019), 738–743.

Wöhlke, A./Riedel A. (2023): Pflegeethik und der Auftrag der Pflege – Gegenwärtige Grenzen am Beispiel der stationären Altenpflege, in: Bundesgesundheitsblatt – Gesundheitsforschung – Gesundheitsschutz 66 (5/2023), 508–514.

Zentner, A./Porz, R./Ackermann, S./Jox, R. (2022): Ethique clinique en Suisse: Stagnation avant la pandémie? Bulletin Des Medecins Suisses 103 (3/2022), 54–58.

Autorenangaben

Michael Fischer, Prof. Dr. theol., ordentlicher Universitätsprofessor und Leiter der Research Unit Qualität und Ethik im Gesundheitswesen an der UMIT Hall (Tirol) und Referat Christliche Identität und Werte in der St. Franziskus-Stiftung Münster.

Boris Krause, Dr. theol., Ethikberater im Gesundheitswesen, Theologe und systemischer Organisationsentwickler. Er ist Geschäftsführer des Ethikforums im Bistum Münster und Referent für Theologie und Ethik beim Caritasverband für die Diözese Münster e. V. Neben ethischen Fragen bearbeitet er u. a. Themen der Organisationskultur, Seelsorge und Spiritual Care in caritativen Einrichtungen und Diensten.

Michael Feuersenger, Diplom-Theologe und Sozialgerontologe, Referent im Bereich Verband und Kommunikation beim Caritasverband für das Bistum Münster.

Kompetent, motiviert und auch noch religiös

Die Zeiten, in denen Mitarbeitende bei Caritas und Diakonie eine vergleichbare religiöse Beheimatung hatten, sind endgültig vorbei. Sowohl die evangelische als auch die katholische Kirche stehen vor der Frage, welche Form der Identifikation sie von ihren Mitarbeitenden in Zukunft erwarten können und dürfen.

Die Herausgeber des vorliegenden Bandes haben diese Entwicklung klar erkannt und zum Gegenstand einer umfassenden Studie gemacht, denn die Absicherung des christlichen Selbstverständnisses über das kirchliche Arbeitsrecht trägt nicht (mehr). In einer plural-säkularen Gesellschaft braucht es motivierende Visionen, die Menschen einladen, sich an einer Idee von Weltgestaltung zu beteiligen. Es geht um die Herausforderung, den christlichen Auftrag mit Menschen unterschiedlicher kultureller, weltanschaulicher und religiöser Prägung zu verwirklichen.

Die kritische Würdigung der Studie durch Expert:innen trägt dazu bei, das Anliegen in einem breiten interdisziplinären Diskurs weiterzuentwickeln.

Michael Fischer, Bruno Schrage

Kompetent, motiviert und auch noch religiös

Warum Menschen bei der Caritas arbeiten

1. Auflage, 2025
Kartoniert/Broschiert, 210 Seiten
29,00 €
ISBN 978-3-7841-3622-6

LAMBERTUS
SOZIAL | RECHT | CARITAS

www.lambertus.de

Qualität und Dokumentation in der Krankenhausseelsorge

Das Buch untersucht, wie weit sich Seelsorge in Krankenhausstrukturen integrieren und mit anderen Berufsgruppen zusammenarbeiten oder Distanz behalten möchte. Zudem geht es um praktische Fragen, wie Qualität in der Seelsorge überhaupt erfasst werden kann und Bedenken hinsichtlich Verschwiegenheit bei der Dokumentation. Der Autor beschreibt die aktuelle Situation, die Entwicklungen im Gesundheitssystem und welche Antworten die Seelsorge darauf gibt. Leitend ist die Frage, ob QM ein sinnvolles Instrument für Krankenhausseelsorge ist und welchen Nutzen sie daraus ziehen kann, aber auch, ob es dem Krankenhaus und den Mitarbeitenden dienlich ist und wie sich das Verhältnis zwischen Krankenhaus und Seelsorge dadurch entwickelt. In Zentrum stehen die Patient*innen und Krankenhausseelsorge muss sich daran messen lassen, ob sie deren Wohl dient.

Uwe Hemmers

Qualität und Dokumentation in der Krankenhausseelsorge

1. Auflage, 2024
Kartoniert/Broschiert, 132 Seiten
26,00 €
ISBN 978-3-7841-3620-2

LAMBERTUS
SOZIAL | RECHT | CARITAS

www.lambertus.de